Polyglott-Reiseführer

Los Angeles

Manfred Braunger

Polyglott-Verlag München

Allgemeines

8 Wege durch Los Angeles

Weg 1 | **Hollywood und Umgebung**   **S. 34**

Der Stadtteil Hollywood mit dem Walk of Fame, dem Mann's Chinese Theater oder dem Radisson Hollywood Roosevelt Hotel ist ein Muß für jeden Los-Angeles-Besucher.

Weg 2 | **Historischer Stadtkern und Chinatown**   **S. 44**

Das im mexikanischen Stil gestaltete Pueblo de Los Angeles bildet den historischen Kern der Stadt. Nicht weit davon entfernt liegt das Zentrum der chinesischen Bevölkerung.

Umschlagmotiv: Universal Studios, Leuchtreklame

Herausgeber: Polyglott-Redaktion
Autor: Manfred Braunger
Lektorat: Sabine von Loeffelholz
Bildredaktion: Nicole Häusler
Art Direction: Illustration & Graphik Forster GmbH, Hamburg
Karten und Pläne: Annette Buchhaupt
Titeldesign-Konzept: V. Barl
Realisation: Studio Wolf Brannasky

Wir danken Fred Sater und Edna Yee von der California Trade and Commerce
Agency, Division of Tourism, Sacramento, und Susanne Ferrull vom
Los Angeles Convention & Visitors Bureau für ihre freundliche Unterstützung.

Ergänzende Anregungen, für die wir jederzeit dankbar sind,
bitten wir zu richten an:
Polyglott-Verlag, Redaktion, Postfach 40 11 20, D-80711 München.
E-Mail: redaktion@polyglott.de oder PolyRed@AOL.com.

**Surfen online mit Polyglott: http://www.polyglott.de
und bei AOL unter dem Kennwort „Polyglott".**

Alle Angaben wurden sorgfältig geprüft. Dennoch kann eine Gewähr
für Vollständigkeit und Richtigkeit nicht übernommen werden.

Zeichenerklärung

❶	Information
◷	Öffnungszeiten
☎	Telefonnummer
🖷	Faxnummer
Ⓜ	Metro
△	Campingplatz
⌂	Hotel
Ⓢ⟫	DZ ab 100 $
Ⓢ⟩	70–100 $
Ⓢ	30–70 $
⌂	Restaurant
Ⓢ⟫	Menü ab 25 $
Ⓢ⟩	15–25 $
Ⓢ	bis 15 $

Kartenlegende

– –❶– –	Beschriebener Weg mit Nummer
▭	Durchgangsstraße
▭	sonstige Straßen
▭	Fußgängerzone
▭	Fußweg

Komplett aktualisierte Auflage 1998/99

Redaktionsschluß: Mai 1998
© 1996 by Polyglott-Verlag Dr. Bolte KG, München
Printed in Germany / III.
Gedruckt auf chlorfrei gebleichtem Papier
ISBN 3-493-62940-0

Notfälle

Ich brauche einen Arzt / Zahnarzt.	I need a doctor / a dentist. [ai **nihd**‿ə **dock**ter/ ə **dänn**tist]
Rufen Sie bitte einen Krankenwagen / die Polizei.	Please call an ambulance / the police. [**plihs** kohl ən‿**ämm**bjuləns / ðə pəlihs]
Wir hatten einen Unfall.	We've had an accident. [wihw **häd** ən‿**äck**ßidənt]
Wo ist das nächste Polizeirevier?	Where is the nearest police station? [**wäər**‿is ðə **niər**əst pəlihs stehschn]
Ich bin bestohlen worden.	I have been robbed. [ai həw bihn **robbd**]
Mein Auto ist aufgebrochen worden.	My car has been broken into. [mai **kahr** həs bihn **brohk**ən **inn**tu]

Essen und Trinken

Die Speisekarte, bitte.	The menu please. [ðə **männ**ju plihs]
Brot	bread [bräd]
Kaffee	coffee [**koff**i]
Tee	tea [tih]
mit Milch / Zucker	with milk / sugar [wið‿**milk** / **schugg**er]
Orangensaft	orange juice [**orr**ənd**seh**‿ds**eh**uhs]
Mehr Kaffee, bitte.	Some more coffee please. [ßəm‿mohr **koff**i plihs]
Suppe	soup [ßuhp]
Fisch	fish [fisch]
Meeresfrüchte	seafood [**ßih**fud]
Fleisch	meat [miht]
Geflügel	poultry [**pohl**tri]
Beilage	sidedish [**ßaid**‿disch]
vegetarische Gerichte	vegetarian food [wäds**eh**ət**ä**riən fud]
Eier	eggs [ägs]
Salat	salad [**ßäl**əd]
Dessert	dessert [dis**öhrt**]
Obst	fruit [fruht]
Eis	ice cream [ais **krihm**]
Wein	wine [wain]
weiß / rot / rosé	white / red / rosé [wait / räd / **roh**seh]
Bier	beer [bir]
Aperitif	aperitif [əpärr**ə**tihf]
Wasser	water [**woh**der]
Mineralwasser	mineral water [**minn**rəl wohder]
mit / ohne Kohlensäure	sparkling / still [**spahrk**ling / still]
Limonade	lemonade [lämmən**eh**d]
Frühstück	breakfast [**bräck**fəst]
Mittagessen	lunch [**lann**tsch]
Abendessen	dinner [**dinn**er]
ein Imbiß	a snack [ə‿**ßnäck**]
Ich möchte bezahlen.	The check, please. [ðə **tscheck**, plihs]
Es war sehr gut / nicht so gut.	It was very good / not so good. [it‿wəs **wärri gud** / nott‿ßoh gud]

Im Hotel

Ich suche ein gutes / nicht zu teures Hotel.	I am looking for a good / not too expensive hotel. [aim **luck**ing fər‿ə **gud** / nott tu ickspännßiw hoh**täll**]
Ich habe ein Zimmer reserviert.	I have booked a room. [ai həw **buckt** ə **ruhm**]
Ich suche ein Zimmer für ... Personen.	I am looking for a room for ... persons. [aim **luck**ing fər‿ə **ruhm** fər ... **pöhr**ßns]
Mit Dusche.	With shower. [wið **schau**ər]
Mit Balkon / Blick aufs Meer.	With a balcony / overlooking the sea. [wið‿ə **bälk**əni / ohwer**luck**ing ðə **ßih**]
Wieviel kostet das Zimmer pro Nacht?	How much is the room per night? [**hau**‿matsch is ðə ruhm pər‿**nait**]
Mit Frühstück?	Including breakfast? [in**kluh**ding **bräck**fəst]
Kann ich das Zimmer sehen?	Can I see the room? [kən‿ai ßih ðə ruhm]
Haben Sie ein anderes Zimmer?	Do you have another room? [du‿ju **häw** ən**aö**er ruhm]
Das Zimmer gefällt mir (nicht).	I like the room. / I don't like the room. [ai **laick** ðə ruhm / ai **dohnt laick** ðə ruhm]
Kann ich mit Kreditkarte bezahlen?	Do you accept credit cards? [du‿ju əck**ßäppt kräd**it‿kahrds]
Wo kann ich parken?	Where can I park the car? [**wäər** kən‿ai pəhrk ðə **kahr**]
Können Sie das Gepäck in mein Zimmer bringen?	Could you bring the baggage to my room? [kud‿ju **bring** ðə **bägg**idsch tə‿mai **ruhm**]
Haben Sie einen Platz für ein Zelt / einen Wohnwagen / ein Wohnmobil?	Is there room for a tent / a camper / a motor home? [is‿ðər **ruhm** fər‿ə **tänt** / ə **kämp**er / ə **mout**ər houm]
Wir brauchen Strom / Wasser.	We need electricity / water. [wi **nihd** il**äck**t**riss**əti / **woh**der]

Langenscheidt Mini–Dolmetscher

Allgemeines

Guten Morgen	Good morning [gud **mohr**ning]
Guten Tag (nachmittags)	Good afternoon [gud **äfter**nuhn]
Hallo!	Hi! [hai]
Wie geht's?	How are you? [hau **ahr**‿ju]
Danke, gut.	Fine, thank you. [fain, **θänk**‿ju]
Ich heiße ...	My name is ... [mai **nehm**‿is]
Auf Wiedersehen.	Bye-bye. [baibai]
Morgen	morning [**mohr**ning]
Nachmittag	afternoon [**äfter**nuhn]
Abend	evening [**ihw**ning]
Nacht	night [nait]
morgen	tomorrow [tu**morr**oh]
heute	today [tu**deh**]
gestern	yesterday [**jes**terdeh]
Sprechen Sie Deutsch?	Do you speak German? [du‿ju spihk **dsehöhr**mən]
Wie bitte?	Pardon? [**pahr**drn]
Ich verstehe nicht.	I don't understand. [ai **dohnt** anderständ]
Würden Sie das bitte wiederholen?	Would you repeat that please? [wud‿ju ri**piht** ðät, **plihs**]
bitte	please [**plihs**]
danke	thank you [**θänk**‿ju]
Keine Ursache.	You're welcome. [johr **wäll**kamm]
was / wer / welcher	what / who / which [wott / huh / witsch]
wo / wohin	where [**wäər**]
wie / wieviel	how / how much [hau / hau **matsch**]
wann / wie lange	when / how long [**wänn** / hau **long**]
warum	why [wai]
Wie heißt das?	What is this called? [**wott**‿is ðis **kohld**]
Wo ist ...?	Where is ...? [**wäər**‿is ...]
Können Sie mir helfen?	Can you help me? [kän‿ju **hälp**‿mi]
ja	yes [jäss]
nein	no [noh]
Entschuldigen Sie.	Excuse me. [iks**kjuhs** mi]

Sightseeing

Gibt es hier eine Touristeninformation?	Is there a tourist information? [is‿ðər‿ə **tuə**rist infərmehschn]
Haben Sie einen Stadtplan / ein Hotelverzeichnis?	Do you have a city map / a list of hotels? [du‿ju häw‿ə **ßi**ti mäpp / list‿əw hoh**täll**s]
Welche Sehenswürdigkeiten gibt es hier?	What are the local sights? [**wott**‿ahr ðə **lohk**l ßaits]
Wann ist geöffnet?	When are the opening hours of ...? [**wänn**‿ahr ði **ohp**ning auers əw ...]
das Museum	the museum [ðə mju**sih**əm]
die Kirche	the church [ðə **tschöhr**tsch]
die Ausstellung	the exhibition [ði egsi**bisch**n]
Wegen Restaurierung geschlossen.	Closed for restoration. [**klohsd** fər rästə**rehsch**n]

Shopping

Wo gibt es ...?	Where can I find ...? [**wäər** kən‿ai **faind** ...]
Wieviel kostet das?	How much is this? [**hau**‿matsch is‿ðis]
Das ist zu teuer.	This is too expensive. [ðis‿is **tuh** iks**pänn**ßiw]
Das gefällt mir (nicht).	I like it. / I don't like it. [ai **laik**‿it / ai **dohnt laik**‿it]
Gibt es das in einer anderen Farbe / Größe?	Do you have this in a different color / size? [du‿ju **häw**‿ðis in‿ə **diffr**ənt **kall**er / ßais]
Ich nehme es.	I'll take it. [ail **tehk**‿it]
Wo ist eine Bank?	Where is a bank? [**wäər**‿is ə‿**bänk**]
Ich suche einen Geldautomaten.	I am looking for an ATM. [aim **luck**ing fər‿ən **äti**hem]
Geben Sie mir zwei Pfund (ca. 900 g) Pfirsiche / Tomaten.	Could I have two pounds of peaches / of tomatoes. [kud‿ai häw **tuh paunds**‿əw **piht**schis / tə**mäi**tohs]
Haben Sie deutsche Zeitungen?	Do you have German newspapers? [du‿ju häw **dsehöhr**mən **nuhs**pehpers]
Wo kann ich telefonieren / mit meiner (Telefon-)Kreditkarte?	Where can I make a phone call / with my credit card? [**wäər** kən‿ai **mehk**‿ə **fohn** kohl / wið mai **krädit**‿kahrd]

8 Wege durch Los Angeles

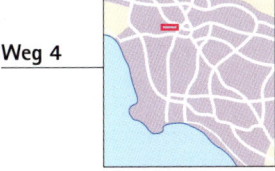

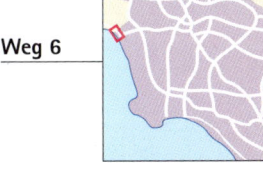
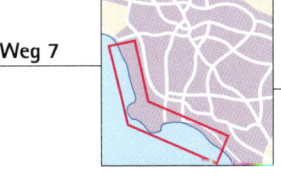

Ausflüge

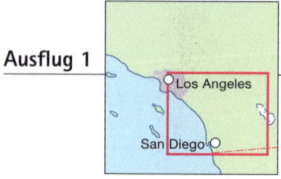

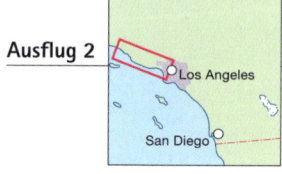

Fremde Kulturen kennenlernen und gastfreundlichen Menschen begegnen – wie sehr genießen wir das auf Reisen. Zu Hause bei uns jedoch wird mancher Ausländer von einer kleinen Minderheit beschimpft, bedroht und sogar mißhandelt. Alle, die in fremden Ländern Gastrecht genossen haben, tragen hier besondere Verantwortung. Deshalb: Lassen Sie es nicht zu, daß Ausländer diffamiert und angegriffen werden. Lassen Sie uns gemeinsam für die Würde des Menschen einstehen.

Verlagsleitung und Mitarbeiter des Polyglott-Verlages

Editorial

Sechsstöckige gordische Knoten aus Schnellstraßen kanalisieren den Stop-and-go-Verkehr zur Rush-hour in alle Himmelsrichtungen. Himmelstrebende Glas- und Steinfassaden flankieren die zugigen Straßenschluchten, in denen sich hie und da eine Parkanlage mit schlanken Palmen verbirgt. Unauffällige Portale führen in die Unterwelt der Stadt mit Modeboutiquen und Ladenzeilen, Bowlingbahnen und Imbißständen. Am Hollywood Boulevard, wo sich vor 150 Jahren noch Kojoten und Wüstenfüchse gute Nacht sagten, zucken Kinoreklamen in aufreizenden Neonfarben, werfen die Schaufenster von Pfandleihanstalten und Erotika-Läden ihr Licht auf die Gehsteige.

Los Angeles – Hauptstadt der Illusionen, Paradies der Lebenskünstler und Exzentriker, städtischer Hafen menschlichen Treibgutes, das der nahe Pazifik aus allen Teilen der Erde angeschwemmt hat, faszinierende Stadt der grellen Töne und des schönen Scheins mit unterschiedlichen Gesichtern, mit furchteinflößenden Fratzen hie und mit liebenswerten Zügen da. Kundige Beobachter bestreiten, daß Los Angeles überhaupt eine Stadt ist. Sie sprechen statt dessen von einer urbanen Galaxis, in der Stadtteile wie etwa Hollywood und Beverly Hills die Sonnen sind, um die sich planetare Nebel aus anonymen Einfamilienhäusern mit türkisgrünen Schwimmbecken, Fast-food-Ketten, Tankstellen und Shopping Malls scharen. So viele unterschiedlichen Facetten die „Stadt der Engel" aufweist, so viele Vorurteile sind über sie im Umlauf. Einen gemeinsamen Nenner zu finden, ist fast unmöglich. Am ehesten läßt sich vielleicht noch dem zustimmen, was Peter von Zahn bei seinen Aufenthalten empfand: „Los Angeles ist bei weitem die merkwürdigste Stadt Amerikas."

Exzentrik pur am Ocean Front Walk in Venice

Der Autor

Manfred Braunger Geboren 1945 in Konstanz. Nach journalistischer Ausbildung und Mitarbeit bei diversen Tageszeitungen Studium der Politikwissenschaften, Ethnologie und Soziologie in Freiburg und Lusaka (Sambia). Seit vielen Jahren ist er als Buchautor und Fotojournalist tätig, mit Schwerpunkten auf Nordamerika und Frankreich.

Alptraum oder Traumziel?

Wenn man den Einwohnern von Los Angeles Glauben schenkt, wissen sie eigentlich nicht so recht, warum sie die südkalifornische Metropole als Wohnsitz auserkoren haben. Luftverschmutzung, Verkehrschaos, Kriminalität, Bandenwesen, Drogenhandel, Arbeitslosigkeit – die Mängelliste liest sich wie ein Katalog zur Abschreckung von Zuzüglern und Stadtbesuchern. Erstaunlich dabei ist jedoch, daß sich diese Krisenszenarien bereits vor Jahrzehnten abzuzeichnen begannen und Los Angeles dennoch in den Nachkriegsjahren zum zweitgrößten urbanen Ballungsraum der USA anwuchs. So betrachtet hat die „Stadt der Engel", die international unter dem Kürzel „L. A." läuft, eine bemerkenswerte Anziehungskraft auf Auswärtige ausgeübt.

Hauptgrund dafür sind nicht etwa geographische oder klimatische Vorteile und auch nicht atemberaubende Naturschönheiten. Attraktivster Posten von Los Angeles ist sein dynamischer Pulsschlag und seine unumstrittene Führungsposition im internationalen Filmgeschäft und Showbusineß. Hinzu kommt, daß sich ganz Südkalifornien bis in die achtziger Jahre im Ruf sonnte, ein Hort des leichten, angenehmen Lebens zu sein.

Seit aber mit dem Ende des kalten Krieges die Regierung in Washington D.C. Militärprojekte aus finanziellen Gründen zu kürzen oder ganz zu streichen begann und die früher auf Hochtouren produzierenden Rüstungsschmieden massenhaft Arbeitskräfte entlassen mußten, mehren sich auch in Los Angeles und Umgebung die Anzeichen, daß die fettesten Jahre vorüber sind. Dennoch wird der Großraum seiner Reputation als höchst attraktives urbanes Traumziel des amerikanischen Westens immer noch gerecht. Ein über Jahrzehnte anhaltender Wirtschaftsboom sowie eine führende Position im internationalen Handel- und Finanzwesen, begünstigt durch ihre Lage an der Pazifikküste, die sie über den Stillen Ozean nach Fernost hinüberschauen läßt, statteten die Metropole mit dem Flair einer echten Weltstadt aus. Ihre Peripherie wird durch über 100 km sandige Strände, bewaldete Bergketten und in der Hitze schmorende Wüstenstriche markiert, wodurch sich der Stadtmoloch als Ausgangspunkt für Abstecher in die Natur bestens empfiehlt.

Lage und Größe

Südkaliforniens unumstrittene Metropole liegt auf dem 34. Grad nördlicher Breite und damit etwa auf der Höhe von Casablanca in Marokko. Sie nimmt ein Riesengebiet ungefähr 160 km nördlich der mexikanischen Grenze unmittelbar an der Pazifikküste ein.

Vom Meeressaum dehnt sich die Stadt über eine großteils flache Küstenebene bis zu 70 km weit ins Hinterland aus und bildet einen nicht abreißenden, unübersichtlichen Großstadtteppich aus Wolkenkratzern, Vorstadtvierteln, kleinen Gemeinden und eingegliederten Städten. Gelegentlich ziehen sich Hügel und bis zu 600 m hohe Bergketten durch das Becken von Los Angeles, durch das der heute gänzlich überbaute Los Angeles River verläuft.

Los Angeles ist schon auf viele Beinamen getauft worden, und nicht immer die schmeichelhaftesten. Das hat nicht nur mit dem wenig abwechslungsreichen Stadtbild zu tun, sondern hauptsächlich mit der schieren Größe der Stadt. Alles in allem bedeckt sie eine Fläche von ca. 1200 km² und ist damit fast halb so groß wie das Saarland. Wo die Stadtgrenzen genau liegen, läßt sich kaum feststellen und ist in erster Linie eine Frage der Definition. Denn Los Angeles hat sich im Laufe der Zeit so weit ins Umland hineingefressen, daß sich der Ballungsraum heute über die Landkreise Los Angeles und Orange erstreckt und fast 100 Ortschaften bzw. eigenständige Städte wie etwa Santa Monica vereinnahmt. Die Höhenlagen des Großraumes reichen von Meereshöhe entlang der Küstenlinie bis zum 1550 m hohen Mount Lukens über dem San Fernando Valley.

Klima und Reisezeit

Eine der Hauptattraktionen von Los Angeles ist sein einladendes, mildes Klima, das die Region fast das ganze Jahr über prägt und die Stadt damit zu einem ganzjährigen Reiseziel macht. Die durchschnittlichen Tagestemperaturen liegen im heißesten Monat August zwischen 17 und 24 °C und im Januar, dem kältesten Monat, zwischen 7,5 und 17,5 °C. Extreme wie etwa eine Rekordkälte von −5 °C bzw. eine Rekordhitze von 43 °C sind selten. Allerdings lastet im Juli und August manchmal tagelang eine schwer erträgliche Schwüle über der Stadt.

Wolkenkratzerlandschaft rund um den Pershing Square

Das Klima im Großraum hängt nicht nur von den Jahreszeiten, sondern auch von anderen Faktoren wie Entfernung vom Meer und Höhenlage ab. Das San Fernando Valley beispielsweise ist von frischer Meeresluft durch die topographischen Verhältnisse weitgehend abgeriegelt, so daß dort ein wärmeres und trockeneres Klima als in den niedrigeren Lagen herrscht.

Die durchschnittlichen 300 mm Niederschlag fallen größtenteils in den kühleren Monaten zwischen November und April. Wie sich in den vergangenen Jahren zeigte, werden die winterlichen Niederschläge oft von Überschwemmungen und Bergrutschen begleitet. Davon betroffen sind hauptsächlich Gebiete, die während der fast periodisch vorkommenden Busch- und

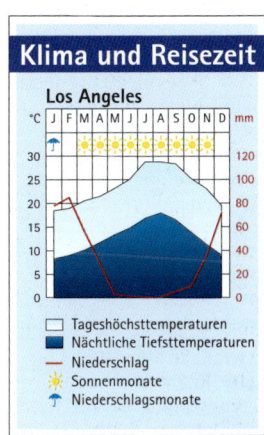

Waldbrände im Spätherbst ihre Vegetation verloren haben.

Ein vieldiskutiertes Klimaproblem der Stadt ist die enorme Luftverschmutzung, verursacht durch ein gigantisches Heer von motorisierten Fahrzeugen, von Industrieanlagen und von Flugzeugen, die tagtäglich auf den Flughäfen von Los Angeles starten und landen. Schon beim Anflug auf die Stadt kann man die schwefelgelbe Dunstglocke über dem Großraum ausmachen, die im Hochsommer zu den schwülheißen Temperaturen beiträgt.

Bevölkerung und soziale Brennpunkte

Über die Bevölkerungszahl der Stadt lassen sich kaum akkurate Angaben machen. Volkszählungen finden seit 1790 alle zehn Jahre jeweils zum Ende der alten bzw. am Beginn der neuen Dekade statt. Zwischen diesen Eckpunkten werden die Zahlen durch recht verläßliche Hochrechnungen ermittelt. Neuesten Erhebungen zufolge belief sich die Bevölkerung des eigentlichen Stadtgebietes auf etwa 3,5 Mio. Rechnet man sämtliche Kommunen der *metropolitan area,* also des gesamten Ballungsraumes, zusammen, ergibt sich eine Einwohnerzahl von rund 15 Mio. Hinter dem Großraum New York/New Jersey mit 19,7 Mio. Einwohnern belegt Los Angeles damit weit vor Chicago/Gary mit 6,9 Mio. den zweiten Rang in den USA.

Obwohl Los Angeles eine vergleichsweise junge Stadt ist, hat sie in ihrer Vergangenheit schon extreme Höhen und Tiefen erlebt. In der Zeit nach dem Zweiten Weltkrieg stieg die Bevölkerung bis etwa 1970 in rasantem Tempo, begleitet von Problemen wie Arbeitsplatzmangel und sozialen Spannungen. Das dynamische Wirtschaftswachstum schwächte sich in den siebziger Jahren ab, wodurch auch das Bevölkerungswachstum eine Zeitlang stagnierte. Dem ökonomischen Hoch seit Beginn der achtziger Jahre folgte eine Talfahrt, die u. a. durch strukturelle Veränderungen in der Rüstungsindustrie bedingt war.

Los Angeles hat dieses Oben und Unten nicht nur in zeitlicher Abfolge erfahren, sondern auch in räumlich beieinander liegenden Gegensätzen festgeschrieben. Während sich etwa in Beverly Hills und in Bel Air die Reichen und Berühmten in ihren marmorglänzenden Villen verschanzen, zeichnet sich in der schwarzen und der hispanischen Bevölkerung eine fortschreitende Verarmung ab. Schon lange gilt die Stadt angesichts dieser Entwicklung als höchst explosives Pulverfaß.

Wachsende Arbeitslosigkeit unter Schwarzen zu einer Zeit, da die Wirtschaft der Stadt boomte, löste 1965 die schweren Rassenunruhen im Stadtteil Watts aus, bei denen 34 Menschen getötet und über 1000 verletzt wurden. Ähnliche Hintergründe hatte der Aufruhr des Jahres 1992, mit dem Unterschied, daß damals nicht nur Schwarze, sondern vor allem viele Latinos auf die Straße gingen. Auslösender Funke für die selbst auf Hollywood und andere etablierte Stadtteile übergreifenden Gewalttätigkeiten, bei denen 58 Menschen ihr Leben verloren und Sachschäden in Höhe von einer Milliarde Dollar entstanden, war das Urteil im sogenannten *Rodney King Beating* gewesen. Am 3. März 1991 hatten vier weiße Polizisten den schwarzen Autofahrer Rodney King brutal zusammengeschlagen. Der Vorfall wurde durch eine im Fernsehen gezeigte Videoaufzeichnung bekannt. Am 29. April 1992 endete das Verfahren gegen die polizeiliche Willkür mit einem skandalösen

Freispruch, der einen dreitägigen Wirbelsturm in der Stadt auslöste. Der ganze Frust und Haß der Unterprivilegierten – die Arbeitslosenquote in den v. a. von Einwanderern bewohnten Stadtvierteln hatte sich in den vorausgehenden Jahren verdreifacht – kam hier zum Ausbruch. Immerhin wurden zwei der Polizisten später in einem vom Bundesgericht wiederaufgenommenen Verfahren wegen Verletzung von Kings Bürgerrechten zu 30 Monaten Haft verurteilt.

„Freiwillige Sklaverei"

Im klassischen Einwanderungsland USA spielte der Zuzug von Menschen aus allen Teilen der Erde von jeher eine bedeutende Rolle. Ganz besonders gilt dies für den Bundesstaat Kalifornien und die im südlichen Teil ansässigen gigantischen Landwirtschaftsbetriebe von industriellem Charakter. Schon vor Jahrzehnten mußten zur Ernte von Obst und Gemüse Arbeitskräfte angeworben werden. In den dreißiger Jahren kamen die Erntehelfer aus dem von einer Dürre bedrohten Oklahoma. In nachfolgenden Jahrzehnten glichen die südkalifornischen Farmer ihren Arbeitskräftemangel vor allem mit Wanderarbeitern aus Mexiko aus, die zwar unter besonders schwierigen Bedingungen arbeiten mußten, denen es hier aber immer noch besser ging als in ihrer Heimat.

In den siebziger und achtziger Jahren wurde die rund 3200 km lange amerikanisch-mexikanische Grenze immer durchlässiger für Menschen aus Mittel- und Südamerika, die illegal über die Grenze kamen, um am Wirtschaftsboom in den USA teilzuhaben. Obwohl Amerika seine Grenzpatrouillen erheblich verstärkte und speziell auf dem südkalifornischen Abschnitt die Grenzlinie mit Gräben und Zäunen, Sensoren und Infrarotkameras geradezu militärisch sicherte, konnte das Land der unkontrollierten Einwanderung nicht Herr werden. In den achtziger Jahren wurde Los Angeles zum Einwandererziel Nr. 1 nicht nur in Amerika, sondern in der gesamten Welt. Jahr für Jahr überwinden ca. 1 Mio. *Indocumentados*, wie die Menschen ohne rechtmäßige Ausweispapiere genannt werden, die Drahtverhaue oder überqueren unbeobachtet die grüne Grenze, um in den USA ein Auskommen zu suchen.

Diese Illegalen sind in landwirtschaftlichen Großbetrieben zum Teil gerne gesehen. Sie werden zu absoluten Niedriglöhnen ohne Feiertags- oder Überstundentarife eingestellt; sie haben keinen Anspruch auf Urlaub oder Krankheitsschutz und können von einer auf die andere Stunde entlassen werden. Sie bilden ein in die Hunderttausende gehendes Heer rechtloser Schwerarbeiter, die ihren Arbeitgebern im Grunde genommen hilflos ausgeliefert sind. Seit einigen Jahren sind jedoch Organisationen und gewerkschaftliche Zusammenschlüsse dabei, sich dieses Problems der „Sklaverei auf freiwilliger Basis" anzunehmen.

Wirtschaft

Los Angeles zählt heutzutage zu den bedeutendsten Industrie-, Finanz- und Handelszentren der USA. Im Stadtgebiet haben viele Hauptquartiere nationaler, multinationaler und internationaler Unternehmen ihren Sitz. Dynamischer Motor der Ökonomie während der zurückliegenden 50 Jahre war in erster Linie das Pentagon.

Die wirtschaftliche Erfolgsstory von Los Angeles und Kalifornien war von jeher eng mit dem Militär und der Rüstungsindustrie verbunden. Nirgendwo auf amerikanischem Boden waren über Jahrzehnte soviele Soldaten stationiert und nirgendwo spielte die Landesverteidigung im industriellen Bereich eine so ausschlaggebende Rolle wie im *Golden State*. Bereits gegen Ende des Zweiten Weltkrieges war das südliche Kalifornien von Militärstützpunkten und geheimen Labors, von luftfahrt-technischen Entwicklungsstätten und Waffenschmieden überwuchert, die ihre Daseinsberechtigung aus der befürchteten globalen Konfrontation mit der Sowjetunion und der späteren Verlagerung dieses Konfliktes in den Weltraum bezogen. Dieser Sektor hing am Tropf der Staatskasse, die Milliarden von Dollars in den kalten Krieg pumpte.

Der Fall der Berliner Mauer und der Zusammenbruch der UdSSR löste seismische Schwankungen aus, die in Kalifornien ganze Branchen ins Zittern versetzten. Allein in den ersten drei Jahren der neunziger Jahre gingen 800 000 Arbeitsplätze verloren. Die wirtschaftliche Rezession verursachte in Los Angeles zusammen mit den sozialen Unruhen von 1992 eine tiefe Identitätskrise, im Zuge derer die Weltmetropole ihren gerne propagierten Anspruch als „Stadt der Zukunft" vermutlich revidieren muß.

Meeresküste in Wassernot

Sparmaßnahmen für Leitungswasser in Los Angeles, der „Stadt der unbegrenzten Möglichkeiten"? Schon mehrmals seit 1977 mußte die Verwaltung des Großraumes Maßnahmen zur Wasserrationierung ergreifen, nachdem es in der Region jahrelang zu wenig geregnet hatte. Nach dem Willen der Stadtväter wurde der Verbrauch um 15 % gekürzt. Wer sich nicht freiwillig einschränkte und etwa auf Autowäsche und Rasensprengen nicht verzichtete, mußte mit Bestrafung rechnen, notfalls sogar mit einer Sperrung der Versorgung. Rigorose Töne in einem Land, in dem es weit mehr Swimmingpools gibt als hierzulande Telefonzellen.

Wahrscheinlich sind solche gelegentlichen Rationierungen nur die Spitze des Eisberges. Seit langem ist die Wasserversorgung für Los Angeles ein Riesenproblem. Denn wo sich fast 50 % der kalifornischen Bevölkerung konzentrieren, fällt nur ein winziger Bruchteil der „staatlichen" Niederschläge. Das Grundwasser ist bereits soweit verbraucht, daß vom Meer Salzwasser in die unterirdischen Depots eindringt und die verbleibenden Reste fast ungenießbar macht. Firmen, die mit frischem Quellwasser aus den Bergen handeln, machen seit langem lohnende Geschäfte.

Schon Anfang dieses Jahrhunderts kauften städtische Agenten im entfernten Owens Valley an der Ostflanke der Sierra Nevada Grundstücke auf, um Los Angeles in den Besitz der Wasserrechte zu bringen. Über Aquädukte und Betonkanäle wird das Wasser etwa aus den Zuflüssen des Mono Lake abgeleitet und der Stadt zugeführt. Daß das Owens Valley seitdem selbst unter Wassermangel leidet, kümmerte die Verwaltung ebenso wenig wie die Bürger von Los Angeles. Der Owens

Weitere bedeutende Wirtschaftszweige sind die Auto- und Elektronikindustrie, die Textilbranche sowie die Nahrungsmittelverarbeitung. Im westlichen Stadtgebiet erinnern riesige Ölpumpen an die unter dem Boden liegenden Rohstoffe – seit den sechziger Jahren wurden hier jährlich über 100 Mio. Barrel Rohöl gefördert.

In dieser Zeit hat sich auch der Tourismus zu einem florierenden Geschäft entwickelt, mit jährlich über 20 Mio. Besuchern. Schließlich ist noch die Unterhaltungsindustrie mit Film und Fernsehen zu nennen, die trotz mancher Höhen und Tiefen nach wie vor einen bedeutenden Wirtschaftsfaktor in Los Angeles darstellt.

City Hall, der Sitz der Stadtverwaltung

Lake war schon in den dreißiger Jahren leergepumpt und in die Vorgärten, Schwimmbäder und Haushalte der Riesenstadt umgeleitet worden. Seither dehnt sich anstelle des Sees eine giftige Staubwüste aus, die die Umgebung krank macht. Wenn es stürmt, werden Partikel von Salz, Sand, Schwefel, Pottasche, Eisen und anderen Reizstoffen aufgewirbelt, die Menschen und Tiere einatmen. Das hat mit der Zeit extreme Auswirkungen auf die Lungenfunktionen, wie Ärzte festgestellt haben.

Der Protest von Umweltschützern und zahlreiche gerichtliche Auseinandersetzungen um die Wasserrechte haben erste Früchte getragen. Die Anwälte des Mono Lake und der Einwohner des Owens Valley erstritten wichtige Etappensiege. Dennoch bleibt die im Großraum Los Angeles tickende „Wasserbombe" ein sehr brisantes Thema.

Trinkwassertransporter

Autowäsche – schon oft wegen Wasserknappheit verboten

Steckbrief

Namen: Los Angeles, Kurzform „L. A."

Fläche: 1200 km²

Einwohner: Im eigentlichen Stadtkern 3,6 Mio., im gesamten Ballungsraum knapp 15 Mio.

Bevölkerungszusammensetzung: 40,8 % Weiße, 36 % Latinos, 11,2 % Afro-Amerikaner und 10,4 % Asiaten.

Stadtregionen: Los Angeles setzt sich aus fünf Regionen zusammen: Innenstadt (Downtown) mit dem Finanzzentrum; Hollywood mit West Hollywood; der Westen mit Beverly Hills, Century City und Bel Air; die Küstenregion; die Talgebiete mit San Fernando Valley, Santa Clarita Valley und San Gabriel Valley.

Bedeutende Wirtschaftszweige: High-Tech-Industrien vor allem militärischer Art, Fahrzeugbau, Elektronik-, Textil-, Nahrungsmittel- und Unterhaltungsindustrie, Erdölförderung und Tourismus.

Der Hafen von Long Beach ist der größte der USA.

Politik und Verwaltung

Der Turm der City Hall, Sitz der Stadtverwaltung, bekam beim Erdbeben des Jahres 1993 zwar einige Risse ab, so daß die Aussichtsplattform für den Publikumsverkehr gesperrt werden mußte. Dennoch liegt es nicht an den Schäden der Bürowände des Bürgermeisters, daß in jüngster Vergangenheit häufig die Frage aufgeworfen wird, wer eigentlich Los Angeles regiere.

Dem Papier nach wird die Superstadt von einem Bürgermeister und einem 15köpfigen Stadtrat regiert, die alle vier Jahre gewählt werden. Der Bürgermeister ist zuständig für die Durchsetzung der Gesetze, die Kontrolle der einzelnen Verwaltungsabteilungen, die Ausarbeitung des Etats sowie die Ernennung der meisten leitenden Beamten der städtischen Behörden. Der Stadtrat ist die legislative Körperschaft der Stadt, nimmt darüber hinaus aber auch Kontrollfunktionen wahr etwa über die Instandhaltung von Straßen, die öffentlichen Parks und die Müllabfuhr.

Dessen ungeachtet gibt es in der 15-Millionen-Stadt mächtige Interessengruppen, die ihren Einfluß geltend machen. Noch unmittelbar nach dem Zweiten Weltkrieg standen sich im Prinzip zwei Machtblöcke gegenüber.

In Downtown bildete das alte City-Establishment bestehend aus der Los Angeles Times, den großen Banken, Ölgesellschaften und Kaufhäusern einen Block. Im modernen, aufstrebenden Westen der Stadt entwickelte sich dagegen ein Machtpol mit den dynamischen Vertretern hauptsächlich aus der Bau- und Baufinanzierungsbranche. Diese Zweiteilung der Macht scheint sich jedoch seit geraumer Zeit durch den wachsenden Zustrom v. a. japanischer Investoren aufzulösen.

Wie in anderen Teilen der USA zeichnet sich auch in Los Angeles eine fortschreitende Fragmentierung der Stadtgesellschaft ab. Die WASPs beispielsweise, die weiße angelsächsische, protestantische Bevölkerung, grenzt sich immer mehr gegen jene Stadtteile ab, die vom sozialen Elend in eine Welt der Unterprivilegierten verwandelt werden.

Die Architektur in den Vierteln der Reichen nimmt zunehmend Festungscharakter an. Die mit Luftüberwachung wie in einem Kriegsgebiet arbeitende Polizei verschlingt Riesensummen im Kampf gegen Drogenkriminalität und Bandenwesen, während gleichzeitig das Schulwesen aus den Fugen gerät und Sozialprogramme rigoros dem Rotstift zum Opfer fallen.

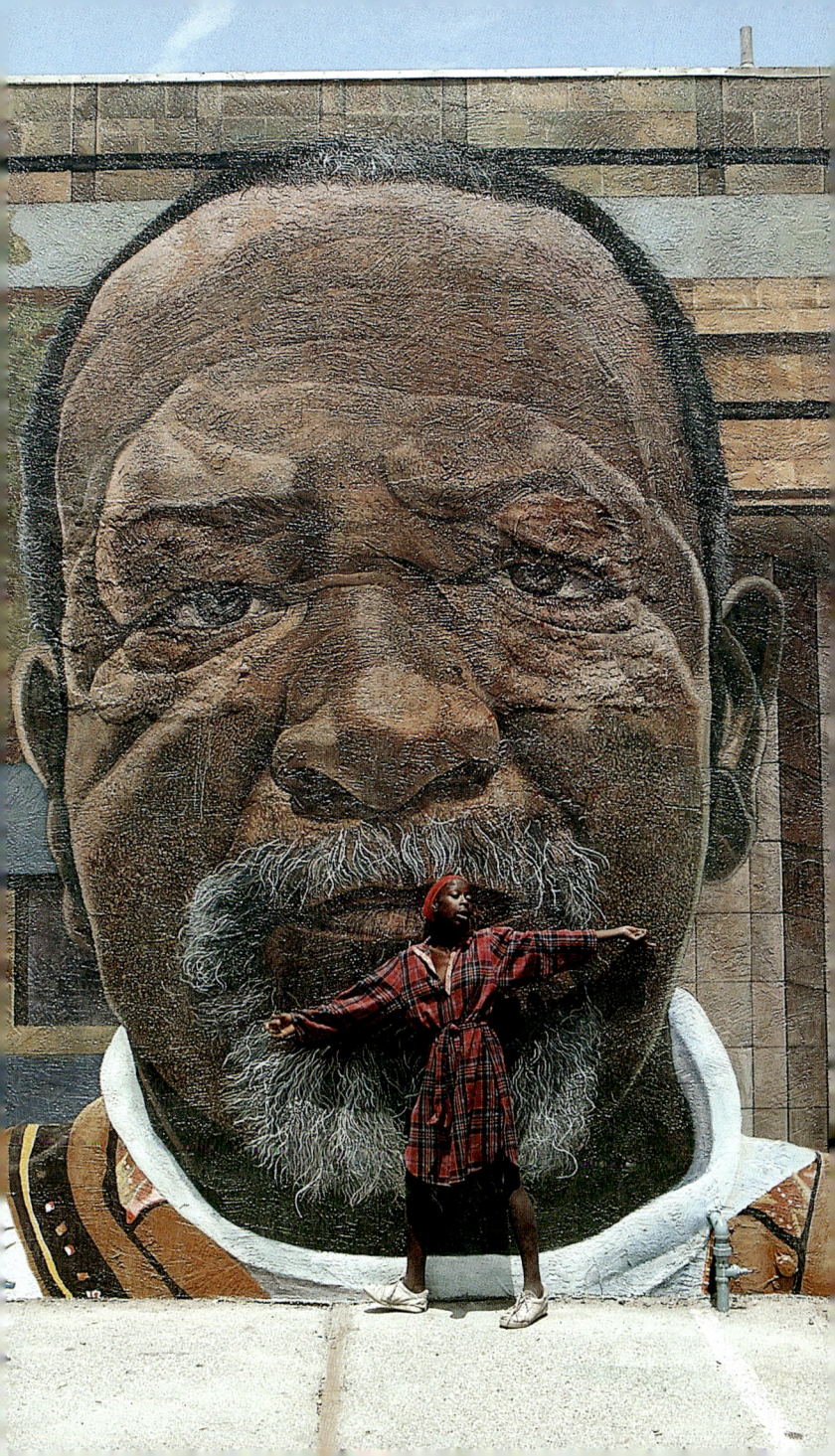

Um 9000 v. Chr. erreichen die ersten Nomaden Kalifornien. Bei der Ankunft der Europäer leben hier rund 130 indianische Stämme.

1542 Als erster Europäer segelt der portugiesische Seefahrer Juan Rodriguez Cabrillo in spanischem Auftrag die kalifornische Küste entlang.

1781 Der Spanier Felipe de Neve gründet mit einer Siedlergruppe das spätere Los Angeles.

1804 Das mexikanische Territorium Kalifornien wird in einen nördlichen und einen südlichen Teil getrennt.

1818 Bau des *Avila Adobe* an der Olvera Street, heute ältestes Bauwerk der Stadt.

1821 Mexiko erklärt sich von Spanien unabhängig. Kalifornien kommt unter mexikanische Verwaltung.

1835 Los Angeles wird für kurze Zeit Hauptstadt der mexikanischen Provinz Alta California.

1846 Ausbruch des mexikanisch-amerikanischen Kriegs.

1848 Frieden von Guadalupe Hidalgo: Mexiko muß Kalifornien an die USA abtreten. Die Goldfunde von James Marshall am American River lösen den kalifornischen Goldrausch aus.

1892 Die Entdeckung von Erdöl in Los Angeles löst einen Boom dieses Industriezweiges aus.

1906 In Hollywood schlagen die ersten Filmemacher ihr Domizil auf. 1907 entsteht mit „The Power of the Sultan" in Hollywood der erste gänzlich in Los Angeles gedrehte Spielfilm.

1912 Bau des legendären *Beverly Hills Hotel* in Beverly Hills. Im gleichen Jahr öffnet an der Ecke Grand Avenue und Washington Street die erste Tankstelle der USA.

1913 Über den *Owens Aqueduct* erreicht das erste Wasser aus der östlichen Sierra Nevada den Raum Los Angeles.

1919 Charlie Chaplin gründet zusammen mit Mary Pickford und Douglas Fairbanks sowie dem Regisseur D. W. Griffith die Filmgesellschaft *United Artists.*

1926 In L.A. kommt Norma Jean Baker alias Marilyn Monroe zur Welt. 1927 findet die erstmalige Verleihung des *Oscar* als höchster Preis der Filmindustrie statt.

1930 Die Volkszählung ergibt eine Stadtbevölkerung von 1,23 Mio.

1931 Erste großangelegte Filmpremiere von Hollywood mit dem Streifen „Robin Hood" des Regisseurs Allan Dwan.

1932 Im Sommer richtet die Stadt zum ersten Mal die Olympischen Spiele aus.

1955 Eröffnung von *Disneyland* in Anaheim. James Dean und Natalie Wood drehen am Griffith Observatorium „Denn sie wissen nicht, was sie tun".

1957 Baugesetze, die bislang keine Wolkenkratzer erlaubten, werden aufgehoben. In Downtown Los Angeles beginnt die „Manhattanisierung".

1958 Auf dem *Walk of Fame* am Hollywood Boulevard werden die ersten acht Sterne ins Gehsteigpflaster eingelassen.

1965 Rassenunruhen im Stadtteil Watts mit 34 Toten und über 1000 Verletzten.

1968 US-Justizminister Robert Kennedy wird in Los Angeles ermordet.

1969 Die Festlichkeiten zur alljährlichen Oscar-Verleihung werden in den Dorothy Chandler Pavilion verlegt und finden seitdem dort statt.

1971 Ein Erdbeben der Stärke 6,6 auf der Richter-Skala fordert 64 Tote.

1973 Tom Bradley wird als erster Schwarzer in das Amt des Bürgermeisters gewählt.

1980 Der ehemalige Filmschauspieler und Gouverneur von Kalifornien, Ronald Reagan, wird zum 39. Präsidenten der USA gewählt.

1984 Im *Memorial Coliseum* finden zum zweiten Mal in L. A. die Olympischen Sommerspiele statt.

1986 L. A. veranstaltet seinen ersten City Marathon und begründet damit ein jährlich wiederkehrendes Sportereignis. Fertigstellung des Museum of Contemporary Art (MOCA) des japanischen Architekten Arata Isozaki.

1987 Sechs Tote bei einem Erdbeben der Stärke 6,1 auf der Richter-Skala.

1988 Der höchste Wolkenkratzer der Stadt, die *First Interstate Bank,* wird ein Raub der Flammen.

1992 Schwerste Unruhen erschüttern Los Angeles und fordern über 40 Menschenleben. Auslöser ist das Unrechtsurteil im Prozeß um die Übergriffe von vier weißen Polizisten auf den Schwarzen Rodney King.

1993 Die erste U-Bahn der Stadt nimmt ihren Betrieb zwischen MacArthur Park und Union Station auf.

1994 Ein Erdbeben der Stärke 6,8 auf der Richter-Skala im Januar fordert 60 Menschenleben und führt zu enormen Schäden. Unwetter lassen im Februar Malibu im Schlamm versinken.

1995 Der spektakuläre Mordprozeß gegen O. J. Simpson bringt Los Angeles in die Schlagzeilen der Weltpresse. Am Ende des Verfahrens wird der ehemalige Footballstar von der Jury freigesprochen.

1998 Schwere Winterstürme, die mit dem Klimaphänomen El Niño in Verbindung gebracht werden, zerstören zahlreiche Häuser an der Küste und verursachen Sachschäden in zweistelliger Millionenhöhe.

1931 standen noch Bohrtürme am Strand von Venice

1955 wurde in Anaheim Disneyland eröffnet

1958 wurden auf dem Walk of Fame die ersten Sterne in das Gehsteigpflaster eingelassen

Kultur gestern und heute

Los Angeles, die Hauptstadt der Filmindustrie und der seichten Unterhaltung, wo die Wiege von Micky Maus stand, versucht seit einigen Jahren betont eine Reputation als Hochburg von Kunst und Kultur aufzubauen.

Ein erstes Wegzeichen in den Kultur-Frühling der Stadt war das 1986 fertiggestellte hervorragende Kunstmuseum, *Museum of Contemporary Art* (MOCA), des japanischen Architekten Arata Isozaki. Durch den Erfolg des neuen Museums angeregt, erweiterte das *Los Angeles County Museum of Art* seine Ausstellungen um einen gesamten Komplex und eröffnete zudem 1988 einen Pavillon für japanische Kunst. Auch das 1974 gegründete *J. Paul Getty Museum* (seit Juli 1997 bis 2001 wegen Renovierung geschl.) wollte kein Außenseiter bleiben und beschloß, für seine nicht-antiken Kunstwerke im Stadtteil Brentwood einen Neubau, das *Getty Center,* zu errichten, der Ende 1997 eröffnet wurde.

Auf dem Theater- und Musiksektor wurde die Stadt ebenfalls aktiv. Außer der großen Schauspiel- und Konzertstätte *Music Center* verteilen sich über Los Angeles inzwischen etwa 120 kleinere Bühnen. Noch ein Traum ist die Walt Disney Concert Hall des Architekten Frank Gehry. Trotz einer 75 Mio. Dollar Spende von Walt Disneys Ehefrau Lillian blieb es bisher bei einem futuristischen Entwurf.

Film und Fernsehen

Der Name Hollywood steht in der ganzen Welt für einen kulturellen Aspekt, der zu Beginn des Jahrhunderts aus der Taufe gehoben wurde: den Film. Nirgendwo auf der Welt hat sich der Starkult so ungehindert Bahn gebrochen wie dort. Bis 1910 eine eigene Stadt, wurde Hollywood im Lauf der Zeit von Los Angeles eingemeindet und begann sich nach und nach in eine Filmmetropole zu verwandeln. Da damals noch nicht bei künstlichem Licht gedreht werden konnte, war das sonnige Klima eine ideale Voraussetzung für diesen Kulturzweig. Ganz im Gegensatz zu New York. Dort waren zwar schon früher Filme gedreht worden, doch setzten sich einige Filmemacher wegen Urheberrechtsstreitigkeiten nach Westen ab, zumal dort das Wetter viel zuverlässiger war. Es dauerte nicht lange, dann war das wachsende Geschäft unter einflußreichen Gesellschaften wie 20th Century Fox, Metro-Goldwyn-Mayer (MGM), Paramount und Warner Brothers aufgeteilt. Der erste in Hollywood gedrehte Spielfilm war „The Power of the Sultan" im Jahr 1907.

Anfang der 20er Jahre ließen Investoren unter dem Namen *Hollywoodland* eine Reihe von Gebäuden im spanisch-mediterranen Stil erbauen. Um dies durch Werbung bekannt zu machen, entstand 1923 für 21 000 $ ein riesiges Zeichen gleichen Namens auf einem Bergkamm hoch über Hollywood. Erst in den 50er Jahren, als die letzten vier Buchstaben des Namenszuges bereits umgestürzt waren, ließ die Stadtverwaltung das Reklameschild restaurieren. Seitdem ist es aller Welt als Wahrzeichen des Stadtteils bekannt (s. S. 43).

Die 20er und 30er Jahre waren die große Zeit von Hollywood. Im Herzen dieses Stadtteils entstand 1927 das *Roosevelt Hotel,* in dem seit 1929 die Oscars verliehen wurden. Gleichzeitig mit dem Hotel entstand auf der gegenüberliegenden Straßenseite *Mann's Chinese Theater,* heute wohl der berühmteste Filmpalast der Welt. In den 40er Jahren begannen sich Filmgesellschaften wie etwa MGM, Warner Brothers und die Universal Studios außerhalb von Hollywood gelegene Grundstücke zu suchen, um in größerem Stil drehen zu können.

Wenig später tauchte mit dem Fernsehen ein neues, konkurrierendes Medium auf, das in der Filmproduktion zu drastischen Einbrüchen führte. Waren zur Zeit des Zweiten Weltkriegs in Hollywood jährlich ca. 600 Streifen hergestellt worden, so hatte sich die Zahl ein Jahrzehnt später auf etwa ein Drittel reduziert. Viele große Filmstudios wurden von Fernsehgesellschaften übernommen oder von ausländischen Firmen aufgekauft wie etwa 20th Century Fox von Australiern oder Universal von Japanern.

Literatur

Unter den in Hollywood gedrehten Filmen waren Hunderte von Krimis, deren Drehbücher auch vor Ort geschrieben worden waren. Zu den großen Filmzeiten beschäftigte Hollywood ganze Heerscharen von Drehbuchautoren, zu denen auch **Raymond Chandler** (1888 bis 1959) gehörte. Mit dem Detektiv Philip Marlowe kreierte er einen der letzten Ehrenmänner in einer schäbiger werdenden, von Zynismus und Korruption beherrschten Welt, unschlagbar und gleichzeitig verletzlich, was ihn dem Leser von vornherein sympathisch erscheinen lassen mußte. Sein erster Roman „Der tiefe Schlaf" von 1939 wurde ein großer Erfolg. Howard Hawks verfilmte ihn 1946 mit Humphrey Bogart als der hartgekochte, weichherzige Privatschnüffler. In der Tradition von Chandler steht **Ross Macdonald** (1915–1983), der psychologisch subtile Kriminalromane verfaßte und mit Lew Archer ein Pendant zu Philip Marlowe schuf. „Reiche sterben auch nicht anders" (1949) oder „Der Untergrundmann" (1971) zählten zu seinen Erfolgen.

Raymond Chandler

Avila Adobe – das älteste Gebäude von Los Angeles

Einem ganz anderen Genre fühlte sich der in Andernach geborene **Charles Bukowski** (1920–1994) verpflichtet, der schon zwei Jahre nach seiner Geburt in die USA kam und zuletzt in Los Angeles lebte. Er thematisierte in Prosatexten und Gedichten Elend und Verzweiflung des städtischen Proletariats und provozierte mit seinen tabubrechenden Darstellungen von Sexualität, Kriminalität, Perversität und Gewalt breite Leserschichten. Zu seinen frühesten Werken gehörten die 1968 erschienenen „Gedichte, die einer schrieb, bevor er im 8. Stock aus dem Fenster sprang".

Die in den dreißiger Jahren dieses Jahrhunderts auftauchende erste Generation von Schriftstellern verdingte sich fast ausnahmslos als Drehbuchschreiber bei großen Filmgesellschaften. Diese Tätigkeit wurde zwar gut bezahlt, doch waren viele Autoren mit den Arbeitsbedingungen in den Studios unzufrieden und begannen, Romane zu schreiben. **Nathaniel West** (1903 bis 1940) etwa verarbeitete seine Erfahrungen im Filmgeschäft in dem Roman „Tag der Heuschrecke".

Architektur

L. A.s älteste Gebäude stehen dort, wo die Stadt 1781 gegründet wurde: im historischen Pueblo um die Olvera Street. Das *Avila Adobe* von 1818 ist das älteste Gebäude der Stadt und zeigt den zur damaligen Zeit üblichen **Adobe-Stil**. Vor den Spaniern hatten schon die Indianer mit Lehm und damit vermengtem Stroh gebaut. Allerdings stellten die Spanier aus dem Lehm-Stroh-Gemisch luftgetrocknete Ziegel her, die einfacher handzuhaben waren. Im ausgehenden 19. Jh. war die **viktorianische Bauweise** in Kalifornien en vogue. Vor allem in San Francisco entstanden ganze Viertel in diesem malerischen Stil. In Los Angeles sind die viktorianischen Schönheiten hauptsächlich entlang der Küste zu sehen.

Downtown Los Angeles durfte erst nach 1957 werden, was es heute ist: eine moderne Wolkenkratzerinsel inmitten eines riesigen Bebauungsteppichs. Bis zu diesem Jahr verbot ein Baugesetz wegen der Erdbebengefahr über 13 Stockwerke hinaus zu bauen. Einzige Ausnahme war die 28 Etagen bzw. 138 m hohe *City Hall* von 1928. Filmemacher aus Hollywood nutzten sie häufig notgedrungen als Hintergrund, um etwa einen Drehort in einer anderen amerikanischen Großstadt vorzugaukeln. Vor allem in jüngster Vergangenheit veränderte sich die Skyline von Downtown fast jährlich, da der Bauboom zahlreiche neue Glas- und Stahlriesen entstehen ließ.

In der Nähe der City Hall steht mit der *Union Station* ein zweiter Bau, der als Filmkulisse häufig herhalten mußte. Während sich das Rathaus seinem Stil nach am **Art déco** orientierte, ähnelt der Bahnhof eher den zahlreichen kalifornischen Vorbildern an spanischer **Missionsarchitektur**, die in Los Angeles hie und da auftritt, v. a. aber das Zentrum von Santa Barbara prägt.

Zu den berühmten Architekten, die in Los Angeles ihre Spuren hinterließen, gehört der aus dem Bundesstaat Wisconsin stammende **Frank Lloyd Wright** (1869–1959). Unter den acht von ihm entworfenen Gebäuden der Stadt war das auf einem Hügel gelegene *Hollyhock House* (Barnsdall Park, Hollywood Blvd.) 1921 das erste. Weitere Werke von Wright sind das *Freeman House* (1962 Glencoe Way), *Anderson Court* (328 Rodeo Drive), das *Ennis-Brown House* (2655 Glendower Ave.) und das *Millard House* (645 Prospect Blvd.). Wright verfolgte bei seinen Werken das Prinzip der organischen Gestaltung, d. h. einer Bauweise, die sich aus den örtlichen Gegebenheiten der Landschaft, dem Zweck, dem Material und der Konstruktion ergab.

Zu den jüngeren Sternen am Architekturhimmel zählen **Frank Gehry** und **Richard Meier.** Schon vor der Fertigstellung waren sich Kritiker darüber einig, daß die von Gehry entworfene

Wald Disney Concert Hall dem Zentrum von Los Angeles einen neuen Stempel aufdrücken würde. Selbst dem Laien wird deutlich, daß es sich bei dem Entwurf mit wallenden und wogenden Wänden, einem dahingleitenden Schiff ähnlich, um eine architektonische Gratwanderung handelt.

Richard Meier entwarf im Auftrag der J. Paul Getty Stiftung das großzügige, weitläufige *Getty Center*. Die Kunstschätze sind in fünf zweigeschossigen, um eine zentrale Plaza angeordneten Pavillons ausgestellt und werden fast ausschließlich durch Tageslicht erhellt.

Beim Halloween

Veranstaltungskalender

1. Januar *Tournament of Roses in Pasadena,* große Parade mit Festwagen und Musik.

Erstes Wochenende im Januar *Oshogatsu,* japanisches Neujahrsfest in Little Tokyo.

Erster Vollmond nach dem 21. Januar *Chinesisches Neujahrsfest* mit Feuerwerk und Drachenumzügen in Chinatown.

Anfang März *Los Angeles Marathon.*

April *Renaissance Pleasure Fair,* historisches Fest in San Bernardino mit Tänzen und Wettbewerben. Die Teilnehmer kommen zum Teil in alten Kostümen.

Um den 5. Mai *Cinco de Mayo,* mexikanischer Feiertag, der hauptsächlich in El Pueblo gefeiert wird.

Anfang Mai *Redondo Beach Wine Festival,* Weinfest in Redondo Beach.

Mitte Juni *Annual Grand National Irish Fair and Music Festival* im Griffith Park, irisches Kulturfest mit Tänzen und musikalischen Darbietungen.

4. Juli Ganz Amerika feiert den *Unabhängigkeitstag.* In der Rose Bowl in Pasadena und in Marina del Rey werden Feuerwerke abgebrannt.

Juli bis Mitte September *Hollywood Bowl Summer Festival* in der Hollywood Bowl mit moderner und klassischer Musik.

Ende Juli *International Surf Festival* in Hermosa Beach, Manhattan Beach, Redondo Beach und Torrance.

Mitte August *Nisei Week Japanese Festival* in Little Tokyo, Kulturfest der japanischen Gemeinde mit Vorführungen, Umzügen und Ausstellungen; *African Marketplace & Cultural Fair* im Rancho Cienega Park, ein afrikanisches Kulturfestival.

Zweite Augusthälfte *Long Beach Sea Festival* in Long Beach mit Wassersportveranstaltungen und Schwimmwettbewerben.

Ende September *Los Angeles County Fair,* große landwirtschaftliche Messe mit vielen Veranstaltungen; *Long Beach Blues Festival* in Long Beach.

31. Oktober *Halloween* auf dem Santa Monica Blvd. und an anderen Stellen der Stadt, d. h. Leute verkleiden sich möglichst gruselig.

Ende November *Hollywood Christmas Parade,* ein Umzug mit vielen Musikkapellen.

Essen und Trinken

Die Einwohner von Los Angeles scheinen in den vergangenen 10 oder 15 Jahren ein neues Hobby gefunden zu haben: essen gehen. Seit den achtziger Jahren hat die Zahl der Restaurants in der Stadt jedenfalls beträchtlich zugenommen und beläuft sich gegenwärtig auf mehr als 7000. Mag sein, daß die allgemeine Diskussion über gesunde Ernährung den Trend zu anspruchsvolleren Lokalen gefördert hat. Jedenfalls ist heute keine Rede mehr davon, daß sich jeder amerikanische Großstädter vorzugsweise von Hamburgern ernährt.

Ein Blick auf die Demographie der Stadt macht klar, daß es vor ethnischen Küchen geradezu wimmeln muß. Chinatown, Koreatown, Little Tokyo, jüdische Wohngegenden und andere Nationalitäteninseln weisen auf große Bevölkerungsteile hin, die bei der Einwanderung auch ihre Kochrezepte mitgebracht haben. Besonders nachdrücklich bringen sich die Latinos in der lokalen Gastronomie in Erinnerung. Tacos, Tamales, Tortillas, Chilis und Avocados sind jedem Einheimischen ein Begriff! Hinzu kommen die natürlichen Ressourcen des Golden State, vor allem der Fischreichtum des Pazifiks, der tagtäglich die frischen Früchte des Meeres auf den Tisch zaubert. Ein weiterer Glücksfall für die großen und kleinen Küchenmeister der Stadt ist das südkalifornische Klima. Eine mit Europa vergleichbare Winterpause in Sachen Obst und Gemüse gibt es nicht. Im wüstenhaften, künstlich bewässerten Imperial Valley fahren die Farmer, je nach Produkt, mehrere Ernten pro Jahr ein und können somit den Großraum Los Angeles 365 Tage im Jahr mit eben erst geernteten Nahrungsmitteln versorgen.

Seit etwa zwei Jahrzehnten macht im südlichen Kalifornien der Begriff „New Wave Cooking" die Runde. Köche verstehen darunter eine Variation der französischen *Nouvelle Cuisine,* bei der hauptsächlich frische Basisprodukte verwendet werden. Die Kunst besteht darin, den Eigengeschmack von Fleisch, Fisch, Gemüse oder Früchten möglichst ausgeprägt zur Geltung zu bringen. Derart zubereitete Gerichte sind nicht nur besonders schmackhaft, sie entsprechen auch dem wachsenden Bedürfnis der Bevölkerung nach gesunder Ernährung. Dieser neuen Strategie kam die immer breiter und bunter werdende Palette der im Lande verfügbaren Produkte, aber auch der Einfluß der unterschiedlichen ethnischen Küchen zugute. Starkoch Wolfgang Puck etwa rückte nicht ohne Grund in den Kreis der internationalen Küchenheiligen im Gourmethimmel auf.

Empfehlenswerte Restaurants

Die nachfolgend empfohlenen Restaurants sind in drei Preiskategorien eingeteilt, wobei sich die Preise jeweils auf ein Menü ohne Getränke beziehen:

ⓢⓢⓢ obere Preiskategorie (ab 25 $),
ⓢⓢ mittlere Preiskategorie (15–25 $),
ⓢ untere Preiskategorie (bis 15 $).

Jimmy's, 201 Moreno Dr., Beverly Hills, ☎ (310) 552-2394. Hervorragende Gerichte wie etwa Lachs auf Spinat mit Weinsauce haben das Lokal zu einer Hochburg für Feinschmecker gemacht. So Ruhetag. ⓢⓢⓢ

Morton's, 8764 Melrose Ave., ☎ (310) 276-5205. Beliebter Treff für die Größen des Showbusineß. So Ruhetag. ⓢⓢⓢ

Musso & Frank Grill, 6667 Hollywood Blvd., ☎ (213) 467-7788. Ausgezeichnetes Restaurant von 1919. „Vorkoster" der heutigen Gästeprominenz waren William Faulkner und Ernest Hemingway. So/Mo Ruhetag. ⓢⓢⓢ

Rebecca's, 2005 Pacific Ave., Venice, ☎ (310) 306-6266. Mexikanische

Küche in einem Interieur, das vom Stararchitekten Frank Gehry mit gläsernem Meeresgetier, metallenen Krokodilen und groben Holzplanken gestaltet wurde. $)

Spago, 1114 Horn Ave., West Hollywood, ☏ (310) 652-4025. Das Restaurant zählt zu den absoluten Spitzenlokalen in den USA. Küchenchef Wolfgang Puck kocht v. a. für die High-Society. Zu seinen Kreationen gehört eine kalifornische Gourmetpizza mit leckeren Zutaten. Auch seine Pastagerichte sind fabelhaft. ☽ Nur abends; unbedingt vorab einen Tisch reservieren! $)

Yamashiro, 1999 N. Sycamore Ave., Hollywood, ☏ (213) 466-5125. Sushi, Sashimi und andere Spezialitäten mit Panoramaaussicht auf L. A. $)

Cheesecake Factory, 364 N. Beverly Dr., Beverly Hills, ☏ (310) 278-7270. Ein Paradies für Liebhaber von Käsekuchen. Es gibt über 40 unterschiedliche Sorten; daneben viele andere süße Sünden, die Kalorienzähler weiträumig umgehen sollten. $

Empress Pavilion, 988 N. Hill St., ☏ (213) 617-9898. Großes Chinarestaurant mit Riesenauswahl an Dim-Sum-Gerichten. $

Fortune Seafood, 750 N. Hill St., zwischen Ord und Alpine St.,

Le Dôme, ein Prominenten-Restaurant am Sunset Boulevard

Am Rodeo Drive bieten sich einige Cafés für eine Pause an

Wer speist wo mit wem?

In manchen Kreisen, hauptsächlich im Showbusineß, haben Restaurantbesuche längst nur noch am Rande etwas mit Nahrungsaufnahme zu tun. Eher schon mit Statusfindung. Die richtigen Lokale zu besuchen, scheint für Stars wie Sternchen geradezu eine berufliche Überlebensfrage, zumindest ein tiefschürfendes Imageproblem zu sein. Selbst die Tischwahl überläßt niemand dem Zufall. Zu sehen und gesehen zu werden ist wichtig. Klatschkolumnisten und Boulevardfotografen registrieren akribisch, wer wo an welchem Tisch mit wem diniert. Clevere Leinwandstars haben längst eine Handhabe gefunden, um vom allseits beliebten Prominentenrummel zu profitieren: Sie gründen ihre eigenen Restaurants oder beteiligen sich an Lokalen. Das gilt etwa für den Muskelmann Arnold Schwarzenegger (**Schatzi** in Santa Monica) und den „Beverly Hills Cop" Eddy Murphy (**Georgia** in Hollywood).

☎ (213) 680-0640. Die Küchenmeister dieses Lokals, das zum Kreis der ausgezeichneten Restaurants in Chinatown gehört, zaubern mit kantonesischen Spezialitäten, die von einer Mannschaft aus freundlichen Kellnern aufgetragen werden. Das Krabbenfleisch in Schwarze-Bohnen-Sauce mit Knoblauch schmeckt himmlisch. Ⓢ

Woo Lae Oak, 623 S. Western Ave., ☎ (213) 384-2244. Koreanisches Barbecue, das man sich am Tisch aus frischen Zutaten selbst grillt. Auch Kochmuffel kommen mit der „Küchenarbeit" prima zurecht. Ⓢ

Bombay Café, 12113 Santa Monica Blvd., ☎ (310) 820-2070. Hervorragende, authentische Küche Südindiens; die Curries sind entsprechend scharf. Ⓢ–Ⓢ

Geraldine's Fresh Food and Juice Bar, 317 S. Broadway, ☎ (213) 626-8694. Wer auf der Besichtigungstour durch Downtown erst einmal einen frischgepreßten Frucht- oder Gemüsesaft zur Stärkung braucht, kann hier sogar so Ausgefallenes wie Saft aus Granatapfel, Alfalfaklee oder Knoblauch probieren. Ⓢ

El Cholo, 1121 S. Western Ave., ☎ (213) 734-2773. Beliebtes mexikanisches Restaurant mit schmackhaften Speisen und Getränken zu vernünftigen Preisen. Ⓢ

Noura Café, 8479 Melrose Ave., ☎ (213) 651-4581. Mittelöstliche, vornehmlich vegetarische Küche wie etwa Pita-Brot, gefüllt mit exotischen Salaten und *Tahini,* einem Gemisch aus Sesamkörnern. Ⓢ

Philippe The Original, 1001 N. Alameda St., ☎ (213) 628-3781. Eine Institution seit 1908, gute Sandwichs, ideal für ein herzhaftes Frühstück. Ⓢ

Swingers, 8020 Beverly Blvd., ☎ (213) 653-5858. Die Kunst des Küchenchefs reicht von der Tofu-Speise bis zum jamaikanischen Grillhähnchen. Ⓢ

Urlaub aktiv

Strandleben

Der Großraum Los Angeles zieht sich auf 120 km Länge am Pazifik entlang, wovon gut 60 km so Sandstrand bestehen – keine schlechten Voraussetzungen für ein paar Stunden oder Tage der Entspannung vom hektischen Großstadtleben. Aber seien Sie darauf gefaßt, daß die Wassertemperaturen selbst im Hochsommer nie über 22 °C liegen. An den meisten Stränden sind Haustiere, alkoholische Getränke und Lagerfeuer verboten. Nach Einbruch der Dunkelheit sollte man die Strandabschnitte aus Sicherheitsgründen meiden.

Nirgendwo auf der Welt, vom Ursprungsland Hawaii einmal abgesehen, wird das Surfen als Volkssport so kultiviert wie im südlichen Kalifornien. Grund dafür sind in erster Linie die hervorragenden natürlichen Bedingungen auch vieler Strände von Los Angeles für das Wellenreiten (Verleih von Surfbrettern s. u.). Jedes Jahr Ende Juli findet in Hermosa Beach, Manhattan Beach, Redondo Beach und Torrance das **International Surf Festival** statt. Gemütlich im warmen Sand sitzend kann man hier den Meistern der Surfsports zusehen.

Radfahren und Rollerblades

Hauptsächlich entlang der Küste bestehen für Radfahrer hervorragende Bedingungen. Zwischen Santa Monica und der Palos Verdes Peninsula verläuft ein *Bike Path* direkt am Strand. Räder kann man in vielen Gemeinden an der Küste anmieten (s. S. 74). Entsprechendes gilt für Rollerblades oder aber Surfbretter u. ä.: **Sea Mist Rental,** 1619 Ocean Front, Santa Monica, ☎ (310) 395-7076; **Rental on the Beach,** 3100 Ocean Front Walk, Ecke Washington Blvd., Venice, ☎ (310) 821-9047.

Unterkunft

Im Ballungsraum Los Angeles findet sich jede Art von Unterkunft, vom einfachsten Motel bis zur Luxusherberge, jedoch sollte man sich vor der Anreise Gedanken darüber machen, wo man in Los Angeles die meiste Zeit verbringt. Dementsprechend kann eine Unterkunft ausgewählt werden, die nervtötende und zeitraubende Auto-, Bus- oder Taxifahrten erspart.

Im folgenden sind die Hotels in drei Preiskategorien unterteilt, die Preise gelten generell für Doppelzimmer:
ⓈⓂ Luxushotels (ab 100 $),
Ⓢ Mittelklassehotels (70–100 $),
Ⓢ Preisgünstige Hotels (30–70 $).

Am Venice Beach

Auf die normalen Preise kommt ein Steueraufschlag um 15 % hinzu, Parkgebühren noch nicht eingerechnet. In den letzten Jahren ist in vielen Hotels und Motels das im Zimmerpreis enthaltene *Continental Breakfast* in Mode gekommen. Wer darauf verzichtet, erleidet keinen großen Verlust, da das Frühstück in der Regel doch nur aus Kaffee im Pappbecher und einem süßen Donut oder Muffin besteht. Häufig bieten Hotels an bestimmten Tagen oder übers Wochenende Sonderpreise, die man an der Rezeption nur erfährt, wenn man sich danach erkundigt. Auch die Touristeninformationen können über spezielle Arrangements Auskunft geben. Über Hotelpreise zu handeln, hat sich längst eingebürgert, denn die Hoteliers wissen: Die Konkurrenz schläft nicht.

Hollywood/West Hollywood

Château Marmont, 8221 Sunset Blvd., ☎ (213) 656-1010, 📠 655-5311. Von Humphrey Bogart über Bianca Jagger bis zu Greta Garbo und John Lennon: Dieses Herrenhaus in den Hügeln von Hollywood war schon immer ein Anlaufpunkt von Berühmtheiten. ⓈⓂ

Bed & Breakfast

Seit geraumer Zeit sind in nahezu allen Teilen der USA die B&B-Unterkünfte im Kommen, die in England eine lange Tradition haben. Sie zeichnen sich dadurch aus, daß Gäste zusammen mit den Wirtsleuten wohnen und über den Familienanschluß gute Gelegenheit haben, Land und Leute aus dieser Perspektive kennenzulernen. B&Bs sind zwar in erster Linie im ländlichen Kalifornien verbreitet. In zunehmendem Maße finden sich solche Häuser aber auch in der Stadt. Häufig handelt es sich dabei um historische Gebäude, deren Interieur geradezu musealen Charakter hat. Das Frühstück ist grundsätzlich – wie schon der Name sagt – inklusive und läßt an Qualität und Volumen in der Regel nichts zu wünschen übrig. Preislich und qualitativ liegen die B&Bs über normalem Motelstandard.

Hollywood Roosevelt, 7000 Hollywood Blvd., ☎ (213) 466-7000, 🖷 462-8056. Seit 1929 wurden hier die Oscars der Filmindustrie verliehen. Zahlreiche Fotos erinnern an die Großen der Filmgeschichte, die hier nächtigten oder den Bartresen polierten. Das Traditionshotel wurde vor einigen Jahren völlig renoviert. ⓢ⟫

Dunes Sunset Motel, 5625 Sunset Blvd., ☎ (213) 467-5171, 🖷 469-1962. Nicht weit vom Walk of Fame entfernt, saubere Zimmer. ⓢ⟫

Banana Bungalow, 2775 Cahuenga Blvd., ☎ (213) 851-1129, 🖷 851-2022. Günstige herbergsähnliche Unterkunft, v. a. für jüngere Gäste. ⓢ

Beverly Hills

Regent Beverly Wilshire, 9500 Wilshire Blvd., ☎ (310) 275-5200, 🖷 274-2851. Luxusherberge in der Tradition alter Grandhotels. Als Leinwandkulisse machte sie in dem Streifen „Pretty Woman" mit Julia Roberts und Richard Gere Karriere. ⓢ⟫

Downtown

The Biltmore, 506 S. Grand Ave., am Pershing Square, ☎ (213) 624-1011, 🖷 612-1545. Luxushotel von 1923, das vor einigen Jahren komplett renoviert wurde und Gästen höchste Annehmlichkeiten beschert. ⓢ⟫

The Westin Bonaventure Hotel & Suites, 404 S. Figueroa St., ☎ (213) 624-1000, 🖷 612-4894. Extravagantes Luxushotel in 5 riesigen Glaszylindern mit einer sechs Stockwerke hohen Lobby. Die teuersten Suiten kosten die Kleinigkeit von 2000 $ pro Nacht. ⓢ⟫

Figueroa Hotel, 939 S. Figueroa St., ☎ (213) 627-8971, 🖷 689-0305. Sehr stimmungsvolles, kleineres Hotel, das mit seinem Interieur an Granada oder Sevilla in Spanien erinnert. Der Garten mit Swimmingpool kommt einem vor wie eine grüne Oase inmitten der Betonwüste des Stadtzentrums. ⓢ–ⓢ⟫

Stillwell Hotel, 838 Grand Ave., ☎ (213) 627-1151, 🖷 622-8940. Auf Luxus und große Bequemlichkeit darf der Gast nicht hoffen. Aber für den Preis und die zentrale Lage ist die Unterkunft ein Schnäppchen. ⓢ

Travelodge Suites, 7701 Slauson Ave., Commerce St., ☎ (213) 728-5165, 🖷 721-1039. In den Suiten gehören Kühlschrank und Mikrowelle zur Grundausrüstung. Gratisparkplätze. ⓢ

Midtown

Norja Bed & Breakfast Inn, 1139 S. Tremaine Ave., ☎ (213) 933-3652. Nachmittagstee und Hors d'oeuvres gehören zum Service in diesem freundlichen, zum Teil im spanischen Stil ausgestatteten Haus. ⓢ–ⓢ⟫

Crest Motel, 7701 Beverly Blvd., ☎ (213) 931-8108, 🖷 371-8868. Kleines, ruhig gelegenes Motel mit 28 sauberen Zimmern. ⓢ

Küstenregion

Channel Road Inn, 219 W. Channel Rd., Santa Monica, ☎ (310) 459-1920, 🖷 454-9920. Romantisches B & B mit luxuriösen Räumlichkeiten und Blick aufs Meer. ⓢ⟫

The Seal Beach Inn & Gardens, 212 Fifth St., Seal Beach, ☎ (562) 493-2416, 🖷 799-0483. Restaurierter ehemaliger Landgasthof nur einen Straßenblock vom Pazifischen Ozean entfernt. ⓢ⟫

Lord Mayor's B & B Inn, 435 Cedar Ave., Long Beach, ☎ und 🖷 (562) 436-0324. Jeder Raum ist in einem speziellen Stil ausgestattet. ⓢ–ⓢ⟫

Pasadena

Artist's Inn, 1038 Magnolia St., ☎ und 🖷 (818) 799-5668. Etwa 10 Minuten von Downtown entfernt gelegenes B & B aus dem Jahr 1895. Die fünf zur Verfügung stehenden Räume sind mit Bädern und schönem Mobiliar aus dem 19. Jh. ausgestattet. ⓢ⟫

Verkehrsmittel

Anreise

Der **Los Angeles International Airport (LAX)**, ☎ (310) 646-5252, liegt etwa 27 km südwestlich von Downtown. Auskünfte über die einzelnen Flughafenterminals, Einrichtungen und öffentliche Transportmittel gibt ein Informationsschalter in der Abflughalle des *Tom Bradley International Terminal*. Behinderte haben Anspruch auf kostenlose Rollstühle, ☎ (310) 646-6402 oder (310) 646-8021. Für die Fahrt vom Flughafen in die Stadt bzw. zu anderen Reisezielen wendet man sich an die eigens dafür eingerichteten Schalter in der Nähe der Gepäckausgabe. Dort bekommt man Informationen über Pendelbusse ins Stadtzentrum, über Limousinenservice, Fahrzeiten und Preise.

SuperShuttles bieten die einfachste und bequemste Möglichkeit, um vom Airport zum Hotel oder jeder x-beliebigen Adresse und zurück zu fahren. Die hellblauen Kleinbusse fahren direkt vor den Terminals ab (☎ 800/554-3146 oder 310/782-6600). *Öffentliche Busse* fahren ab City Bus Center bei „Lot C" (96th St./Vicksburg Ave.). *Spezielle Busverbindungen:* MTA Bus Nr. 42 nach Downtown; MTA Bus Nr. 220 nach West Hollywood und Beverly Hills; MTA Bus Nr. 439 Expreßbus in die Innenstadt. Größere Hotels holen ihre Gäste meist mit eigenen Transportmitteln am Flughafen ab bzw. bringen sie zum Abflug dorthin zurück.

Unterwegs in der Stadt

Die meisten Ziele sind am bequemsten mit dem Auto zu erreichen. Außerhalb von Downtown macht die Parkplatzsuche keine großen Schwierigkeiten. Wer dennoch einige Strecken mit öffentlichen Verkehrsmitteln zurücklegen

Lobby des Biltmore-Hotels

Die verglasten Türme des Westin-Bonaventure-Hotels ragen bis zu 35 Stockwerke in den Himmel

Kontrollturm des Los Angeles International Airport

möchte, holt sich dafür am besten spezielle Routenpläne, die man bei der zentralen Touristeninformation in Downtown oder in der Filiale auf dem Hollywood Blvd. bekommt (s. S. 92).

Bus

Das Netz der über 200 Buslinien erstreckt sich über weite Teile des Stadtgebietes und schließt die meisten touristischen Ziele ein. Zum Teil muß man an bestimmten Linien recht lange auf die klapprigen Gefährte warten. ❶ ☏ (213) 922-6235. In Downtown verkehren die DASH-Minibusse (Downtown Area Short Hop) in kurzen Abständen auf zwei Linien Mo–Fr 6.30–18.30 Uhr. Muß man umsteigen, kann man schon bei Fahrtbeginn ein Umsteigeticket kaufen. ❶ ☏ (800) 266-6883.

U-Bahn

Das erste Teilstück der 1993 eröffneten Metro Rail U-Bahn verbindet den Wilshire Blvd. mit der Union Station *(Metro Red Line)*. Die Züge halten auf der gut 7 km langen Strecke an 5 Haltestellen in Downtown. Bis zum Ende des Jahrhunderts soll die U-Bahn bis nach Hollywood und das San Fernando Valley ausgedehnt werden.

Straßenbahn

Die *Blue Line* der Metro Rail verkehrt von 6–21 Uhr zwischen Union Station und Long Beach. Die in Japan hergestellte Bahn hat sich als sicheres und bequemes Nahverkehrsmittel etabliert.

Taxis

In L. A. wird man Schwierigkeiten haben, Taxis auf der Straße anzuhalten. Man besteigt sie an öffentlichen Plätzen, vor Hotels oder bestellt sie telefonisch. Bei Fahrtbeginn sollte man darauf achten, daß der Taxameter eingeschaltet ist. Er zeigt einen Grundbetrag von 1,90 $ an. Danach bezahlt man je nach Entfernung, pro Meile 1,60 $. Die Fahrt vom Flughafen in die Innenstadt kostet etwa 25 $.

Einkaufen

„Shop'till you drop" (Einkaufen bis zum Umfallen) ist eine Aufforderung, die in den USA von vielen fast wörtlich genommen wird. Zumindest von denen, die es sich leisten können. Riesige Shopping Malls und 24 Stunden am Tag geöffnete Supermärkte bieten dazu die Grundvoraussetzungen. Genaue Beobachter werden in diesen Konsumtempeln jedoch feststellen, daß auch (oder gerade) in den USA die Kreditkarten mit einem Limit ausgestattet sind, so daß Einkauftrips durchaus zum *window shopping* werden können, bei dem man nur die Schaufenster und Warenauslagen betrachtet, ohne als Konsument tatsächlich zuzugreifen.

Legendenumwoben sind die Niederlassungen weltbekannter Modedesigner am **Rodeo Drive** in Beverly Hills. Wer dort für ein Hemd und eine Hose soviel hinblättern will, wie für einen dreiwöchigen Amerika-Urlaub, findet Gelegenheiten genug. Der Stolz mancher dieser Edelboutiquen sind ihre 24 Stunden am Tag geschlossenen Türen. Sie geben sich so ungemein exklusiv, daß man sie nur nach Vereinbarung eines Termins betreten darf – falls man einen solchen überhaupt bekommt!

Etwas normaler geht es an der **Melrose Avenue** zwischen Fairfax und La Brea Avenue zu, wo sich viele Geschäfte, darunter hauptsächlich Modeläden für jüngere Leute, aneinanderreihen. Aber auch für Bücher, Möbel und Nahrungsmittel gibt es hier günstige Einkaufsmöglichkeiten.

Im **Fashion District** in den Straßenblocks um die 9th Street findet man, etwa im Vergleich mit dem Rodeo Drive, preislich eher am unteren Ende der Skala angesiedelte Läden.

Nur einen Spaziergang von der Küstenstraße in Santa Monica entfernt, bietet die Fußgängerzone **Third Street Promenade** eine ausgezeichnete Möglichkeit, *window shopping* mit *people watching* zu verbinden. In dieser Straße haben sich Antiquariate, Kunstgalerien und Straßencafés eingerichtet, in denen man sitzen und die Flaneure beobachten kann.

Im Unterschied zu europäischen Geschäften stimmt der Betrag für Waren, die man an der Kasse eines Geschäftes bezahlt, nie mit dem entsprechenden Preisschild überein, denn sämtliche Waren unterliegen einer Mehrwertsteuer, die sich gegenwärtig auf 8,25 % beläuft.

Bücher/Zeitschriften

Book City, 308 N. San Fernando Rd./Magnolia Blvd., Burbank, ☾ tgl. 10–18 Uhr. Gewaltige Auswahl an neuen und gebrauchten Büchern sämtlicher Interessengebiete im größten Buchladen der Stadt.

In L.A. ist es nicht üblich, Taxis auf der Straße anzuhalten

Book Soup, Sunset Blvd./Larabee St., Hollywood, ☾ tgl. 12–24 Uhr. Hier findet man die großen Werke der Weltliteratur, daneben Bücher über Kunst und Kultur und eine Vielzahl von in- wie ausländischen Magazinen.

Universal News Agency, 1639 N. Las Palmas Ave., Hollywood, ☾ tgl. 10 bis 17 Uhr. Reiche Auswahl an amerikanischen und internationalen Zeitungen, Zeitschriften und Magazinen.

Einkaufszentren

Arco Plaza, Fifth/Flower Sts., Downtown, ☾ Mo–Fr 9.30–17, einige Läden Sa 11–14 Uhr, So geschl. Einzige unterirdische Shopping Mall der Stadt mit 50 Geschäften und Restaurants.

Beverly Center, 8500 Beverly Blvd., Beverly Hills, ☾ Mo–Fr 10–21, Sa 10–20, So 11–18 Uhr. Rund 200 Geschäfte und Kaufhäuser, Restaurants, Cafés, Kinos. In dem Komplex kann man einen ganzen Tag verbringen.

Broadway Plaza, 7th/Flower Sts., Downtown, ⊙ Mo–Fr 10–19, Sa 10–18, So 12–18 Uhr. Fast 40 Fachgeschäfte in einem Komplex zusammen mit dem Hyatt Regency Hotel.

Fisherman's Village, 13763 Fiji Way, Marina del Rey, ⊙ So–Do 9–21, Fr/Sa 9–22 Uhr. Über zwei Dutzend meist kleinere Geschäfte im Nachbau eines typisch neuenglischen Walfängerdorfes mit gepflasterten Wegen um einen fast 20 m hohen Leuchtturm.

Santa Monica Place, Colorado Ave./ Second St., Santa Monica, ⊙ Mo–Sa 10–21, So 11–18 Uhr. Etwa 100 Fachgeschäfte und zwei große Kaufhäuser samt einem *Food Court* mit zahlreichen Ständen, an denen man chinesisch, griechisch, italienisch oder typisch amerikanisch essen kann.

Seventh Market Place, 735 Figueroa St., Downtown, ⊙ Mo–Fr 10–19, Sa 10–18 Uhr. Einkaufen auf drei unterschiedlichen Ebenen um einen zentralen Lichthof.

Universal CityWalk, 1000 Universal Center Dr., Universal City, ⊙ tgl. 11–23 Uhr. Läden speziell für Geschenke und Souvenirs aus der Filmindustrie sowie zahlreiche Restaurants am Zugang zu den Filmstudios.

Film-Memorabilien

Einschlägige Erinnerungsstücke und Poster bekommt man am einfachsten in den zahlreichen auf Film und Showbusineß spezialisierten Geschäften am Hollywood Boulevard, in Disneyland oder am Universal CityWalk vor dem Eingang zu den Universal-Filmstudios.

Book City Collectables, 6631 Hollywood Blvd., Hollywood, ⊙ Mo–Sa 10–21, So 10–18 Uhr. Jede Menge Erinnerungen an Stars von gestern und heute. Tausende von Farbdrucken und ein reicher Fundus für Autogrammsammler.

Cinema Collectors, 1507 Wilcox Ave., Ecke Sunset Blvd., Hollywood, ⊙ tgl.

10–17.30 Uhr. Für Filmfans genau das Richtige: originale Filmplakate, Broschüren, Magazine und eine Belegschaft, die sich im Metier bestens auskennt.

Larry Edmunds, 6644 Hollywood Blvd., Hollywood, ⊙ tgl. 10–18 Uhr. Film- und Theaterliebhaber finden hier Bücher, Poster und Erinnerungsstücke zu ihrem Lieblingsthema.

Star Wares on Main, 2817 Main St., Santa Monica, ⊙ tgl. 12–18 Uhr. Ein Geschäft mit Einmaligkeitscharakter. Hier wird Garderobe verkauft, die einmal von Filmstars getragen wurde. Neben Schmuck, hübschen Accessoirs und Sammlerstücken bekommt man auch Gegenstände, die mit den Autogrammen von Stars verziert sind.

Mode

Bijan, 431 N. Rodeo Dr., Beverly Hills, ☏ (310) 285-1800, ⊙ Mo–Sa 10 bis 18 Uhr. Männermode vom Feinsten und Teuersten. Auch die Parfümkollektion läßt keine Wünsche übrig. Wer sich hier ein Jackett oder ein Rasierwasser kaufen will, muß vorab telefonisch einen Termin vereinbaren.

Frederick's of Hollywood, 6608 Hollywood Blvd., Hollywood, ⊙ Mo–Do und Sa 10–18, Fr 10–21, So 12–17 Uhr. Legendäre Auswahl an erotischer Wäsche, für die sich auch die Großen aus Film und Showbusineß begeistern können.

Giorgio Armani, 436 N. Rodeo Dr., Beverly Hills, ⊙ Mo–Sa 10–18 Uhr. Die bekanntesten Entertainer, Show-Größen und Regisseure sollen zur Kundschaft dieser Niederlassung des berühmten Mode-Designers gehören.

Leathers & Treasures, 7511 Melrose Ave., Hollywood, ⊙ Mo–Sa 12–20, So 13–19 Uhr. Bruce Springsteen und andere Rockstars versorgen sich hier mit angemessenem Outfit. Die Auswahl an Cowboystiefeln, Motorradjacken mit Beschlägen und anderer Lederkleidung kann sich sehen lassen.

Madeleine Gallay, 8710 Sunset Blvd., an der Sunset Plaza, Hollywood, ◷ Mo–Sa 10–18 Uhr. Viele Prominente erstehen hier ihre sündhaft teuere Abendgarderobe, die sie bei großen Anlässen wie Filmpremieren oder Preisverleihungen tragen.

Saks Fifth Avenue, 9600 Wilshire Blvd., Beverly Hills, ◷ Mo/Do/Fr 10 bis 20.30 Uhr, Di/Mi/Sa 10–18 Uhr, So 12–17 Uhr. Kaufhaus für Damen-, Herren- und Kindermode. Im obersten Stockwerk kann man sich vom Einkaufen in einem Restaurant erholen.

Im Grand Central Public Market wird eine reiche Auswahl an Obst und Gemüse angeboten

Musik

Tower Records, 8801 W. Sunset Blvd., Hollywood, ◷ So–Do 9–24, Fr/Sa 9 bis 1 Uhr. Die Besitzer rühmen sich, das größte Musikgeschäft der Welt zu betreiben. Die Auswahl an CDs ist in der Tat beeindruckend. In einem Gebäude gegenüber bekommt man Videos und klassische Musik.

Virgin Megastore, 8000 Sunset Blvd., Hollywood, ◷ So–Do 9–24, Fr/Sa 9 bis 1 Uhr. Ein Mekka für Musikliebhaber mit großer Auswahl und vielen Boxen, an denen man Musik hören kann. Wer ausgefallene Musikwünsche hat, findet hier bestimmt das Richtige.

Santa Monica Place

Obst und Gemüse

Farmers' Market, 6333 W. Third St., Midtown, ◷ Mo–Sa 9–18.30, So 10–17 Uhr. Die Obst- und Gemüsestände, an denen frische Ware aus dem Umland verkauft wird, vermischen sich mit über 20 Imbißständen, die z. T. wie Gartenwirtschaften aussehen und internationale Gerichte anbieten.

Grand Central Public Market, 317 Broadway, Downtown, ◷ tgl. 7–18 Uhr. Der überdachte „Basar" erinnert entfernt an die ehemaligen Pariser Markthallen. An rund 50 Ständen verkaufen v. a. hispanische Händler Obst, Gemüse, Fleisch und frisch zubereitete Spezialitäten, die man an Tischen gleich verzehren kann.

Am Rodeo Drive reiht sich eine Edelboutique an die andere

Am Abend

Besonders seit der zweiten Hälfte der achtziger Jahre versucht L. A. seinem Ruf als Großstadt mit ausgeprägtem Kulturangebot besonderen Nachdruck zu verleihen. Jedes Wochenende veröffentlicht die „Sunday Los Angeles Times" einen Kalender mit den wichtigsten Ausstellungen, Konzerten, Vorträgen usw. Ähnliche Informationen findet man auch in der Gratis-Broschüre „L. A. Weekly", die in vielen Restaurants und Hotels ausliegt.

Es gibt zwei zentrale Verkaufsstellen für Eintrittskarten, bei denen man telefonisch unter Angabe der Kreditkartennummer Tickets für viele Veranstaltungen bestellen kann: **Ticket Time,** ☎ (310) 473-1000, und **Ticketmaster,** ☎ (213) 480-3232. Eintrittskarten zu ermäßigten Preisen für Opern-, Ballett- und Theaterveranstaltungen bekommt man bei **Theatre L. A.,** ☎ (213) 629-8890, Di–Sa 12–17 Uhr. Auch die Rezeptionen der größeren Hotels können beim Ticketkauf behilflich sein.

Theater und Musical

Ahmanson Theatre, Music Center, 135 N. Grand Ave., ☎ (213) 972-7401. Die Saison der hier beheimateten *Center Theatre Group* dauert von Mitte Oktober bis Anfang Mai. Aufgeführt werden Dramen und Komödien.

James A. Doolittle Theatre, 1615 N. Vine St., Hollywood, ☎ (213) 462-6666. Das hiesige Ensemble tritt mit einem breiten Spektrum von Bühnenstücken in Erscheinung, unter denen der Schwerpunkt in der Regel auf den Werken amerikanischer Bühnenautoren liegt.

Mark Taper Forum, Music Center, 135 N. Grand Ave., ☎ (213) 972-0700. Größere und modernere Produktionen, manchmal mit experimentellem Charakter, kommen in diesem halbrunden Theater, dessen Akustik oft gelobt wird, zur Aufführung.

Shubert Theatre, 2020 Avenue of the Stars, ABC Entertainment Center, Century City, ☎ (800) 233-3123. Dieses Theater ist vor allem mit seinen Broadway-Musicals wie etwa „Cats" bekannt geworden.

Kinos

Mann's Chinese Theater, 6925 Hollywood Blvd., Hollywood, ☎ (213) 464-8111. Berühmtestes Lichtspielhaus der Stadt, erbaut 1927 und Schauplatz vieler Premieren. Die Programme wechseln häufig.

Silent Movie, 611 N. Fairfax Ave., ☎ (213) 653-2389. Eine Hommage an das Stummfilmzeitalter, häufig mit Streifen von Charlie Chaplin und anderen Produktionen aus den noch tonlosen zwanziger Jahren.

(Kinos am Broadway s. S. 55)

Klassische Musik

Los Angeles Philharmonic, Dorothy Chandler Pavilion, Music Center, 135 N. Grand Ave., Downtown, ☎ (213) 850-2000. Das Orchester veranstaltet außer seinen normalen Konzerten zwischen Oktober und Mai zahlreiche Auftritte in der Hollywood Bowl. Daß dort die Zuhörer mit Picknickkörben erscheinen, gehört in Los Angeles durchaus zum Üblichen.

Los Angeles Master Chorale, Music Center, 135 N. Grand Ave., ☎ (213) 626-0624. Der 120köpfige Chor, der zum Teil mit berühmten Gästen auftritt, ist in der Saison von Oktober bis Juni zu hören.

Moderne Musik

Catalina's Bar & Grill, 1640 N. Cahuenga Blvd., Hollywood, ☎ (213) 466-2210, ◷ tgl. 19–2 Uhr. In diesem Jazzklub treffen sich die besser betuchten Einwohner der Stadt, um

Jazz zu hören und gleichzeitig ein paar leckere Happen zu essen.

Billboard Life, 9039 Sunset Blvd., Hollywood, ☏ (310) 274-5800, Mi–Sa 20–2 Uhr. Früher eine der bekanntesten Diskos der Stadt, heute spielen mehrmals pro Woche Live-Bands entweder Rock 'n' Roll oder andere Musikrichtungen.

House of Blues, 8430 Sunset Blvd., West Hollywood, ☏ (213) 650-0476. Der von der Harvard University und dem Schauspielergespann Belushi und Akroyd gemeinsam betriebene Klub zieht immer mehr Blues-Liebhaber an. Wer neben Live-Musik auch Spezialitäten aus der Südstaatenküche schätzt, ist im House of Blues richtig.

The Roxy, 9009 Sunset Blvd., West Hollywood, ☏ (310) 276-2222, ⏱ tgl. 20 bis 2 Uhr. Einer der bekanntesten Nachtklubs der Stadt mit Rock und Jazz. Gelegentlich treten auch Weltstars auf. Die Musikindustrie von L. A. stellt hier manchmal ihre Nachwuchstalente vor.

Bars, Klubs und Diskotheken

Catch One, 4067 W. Pico Blvd., Hollywood, ☏ (213) 734-8849, ⏱ Di/Mi 15–2, Do–Sa bis 4 Uhr. Auf zwei Stockwerken verteilen sich vier Bars und mehrere Tanzflächen. Unter Eingeweihten ist der Schwulen- und Lesbenklub für seine ausgezeichnete Akustik bekannt.

Palladium Hollywood, 6215 Sunset Blvd., Hollywood, ☏ (213) 962-7600, ⏱ Mi–Sa 19–2 Uhr. Der Klub ist so groß, daß man sich beinahe darin verirren kann. An Musikrichtungen wird so ziemlich alles gespielt, was gerade up to date ist.

The Viper Room, 8852 Sunset Blvd., Hollywood, ☏ (310) 358-1880. Einer der „heißesten" Klubs der Stadt, in dem der Star River Phoenix seine letzte Nacht verbrachte. Wer cool seine gestylten Klamotten ausführen möchte, ist in diesem Schuppen richtig.

Ein alter Kinopalast am geschäftigen Broadway

Das Mann's Chinese Theatre bei Nacht

Hier wird zu Cocktails und Spezialitäten aus Kanton eingeladen

Weg 1

Hollywood und Umgebung

Hollywood Boulevard – **Universal Studios – Griffith Park

Weit im Westen strahlt die Neon-reklame des historischen Roosevelt Hotel wie ein verblassender Stern über dem Lichtermeer der nächtlichen Stadt. Ein rundlicher, in schwarzes Leder eingenähter PS-Freak mit einem Wikingerhelm auf der wallen-den Haarpracht knattert im Sattel einer chromblitzenden Harley den Hollywood Boulevard entlang, auf dem die Schönen der Nacht ihre hochhackigen Pumps spazierenführen. Auf dem Platz vor Mann's Chinese Theatre schlüpfen Touristen aus aller Welt in die in Zement verewigten Fußstapfen von heutigen und gestri-gen Leinwandstars. Seit Jahrzehnten ist der Stadtteil Hollywood der touri-stische Mittelpunkt von Los Angeles. Wer den Hollywood Boulevard und den parallel dazu verlaufenden Sunset Strip nicht gesehen hat, war im Grunde genommen gar nicht in L. A. Für einen Hollywood-Besuch sollte man sich mindestens zwei Tage reser-vieren, da schon allein die Universal und Paramount Studios einen ganzen Tag beanspruchen.

Was in Berlin der Ku-Damm, in Paris die Champs-Elysées und in New York der Broadway, ist in Los Angeles in den Augen vieler Stadtbesucher der Hol-lywood Boulevard. Ob diese Einschät-zung den Tatsachen entspricht, ist fraglich. Denn diese große Straßenver-bindung, die sich früher wie eine Le-benslinie durch das Häusermeer zog, ist längst nicht mehr das repräsentative und gesellschaftliche Zentrum der Stadt, sondern ein von mehr oder min-der bedeutenden Gebäuden gesäumtes Asphaltband, das in erster Linie von seinem Erinnerungswert lebt. An der ehemaligen Prachtstraße fallen von Vandalen malträtierte Telefonzellen auf, schäbige Fassaden und herunter-gekommene Höfe, in denen sich der Müll sammelt. Aber hie und da kommt auf dem Boulevard auch noch der Glamour zu Wort, der, längst verblaßt, die Straße einst so berühmt gemacht hat. Die großen Zeiten Hollywoods sind zwar seit einigen Jahrzehnten Ge-schichte, aber in jüngster Vergangen-heit unternahmen Geschäftsinhaber, Investoren und Stadtverwaltung An-strengungen, den Stadtteil als Spiegel der amerikanischen Kultur und Menta-lität nicht ganz verkommen zu lassen und den Straßenzügen neues Leben einzuhauchen.

Kaum eine andere Stadtregion erlebte in den ersten 100 Jahren ihrer Existenz solche Höhen und Tiefen wie Holly-wood. Der von Santa Monica Boule-vard und Western Avenue, La Brea Avenue und Franklin Avenue einge-grenzte Distrikt war bis in die achtziger Jahre des 19. Jhs. mehr oder minder Niemandsland. Im Jahr 1853 hatte ein gewisser Tomás Urquidez dort aus ei-nem Gemisch aus Lehm und Stroh ein Adobe-Gebäude errichtet, das lange der einzige Bau bleiben sollte, bis rund 30 Jahre später der aus Kansas stammende Horace H. Wilcox Land aufkaufte und damit begann, am Fuße der Santa Mo-nica Mountains eine Siedlung anzule-gen. Zwischen 1903 und 1910 war Hol-lywood eine eigenständige Stadt, die aber schon bald vom gefräßigen Los Angeles vereinnahmt wurde.

Nachdem 1911 das erste Filmstudio in diesem Stadtteil eröffnet hatte, erlebte Hollywood in den nachfolgenden 30 Jahren seine Blüte. Zunächst den Einwohnern argwöhnisch betrachtet oder sogar diskriminiert, etablierte sich ein Studio nach dem anderen im fla-chen Land bzw. in den Hollywood Hills, bis die Filmindustrie schon nach wenigen Jahren den Herzschlag der Gemeinde bestimmte. Im Windschatten der Unterhaltungsbranche strömten Geschäftsleute und Phantasten, Aufsteiger und Künstler, Spekulanten und Stars ins südliche Kalifornien und drückten dem Stadtteil auf die eine oder andere Weise ihren Stempel auf – am deutlichsten sichtbar an Villen und Residenzen, die sich in so ziemlich allen Baustilen präsentierten: von byzantinisch, maurisch, neogotisch über spanisch und ägyptisch bis hin zum Art déco der dreißiger Jahre. Manche dieser märchenhaften Paläste stehen noch und locken wie eh und je die Stadtbesucher an.

Hollywood – das unverkennbare Symbol der Film- und Unterhaltungsmetropole

Ein günstiger Ausgangspunkt für eine Besichtigungstour durch Hollywood ist das **Los Angeles Convention & Visitors Bureau ❶**, wo sachkundiges Personal über Berge von Broschüren und Karten wacht. Schwellenängste wegen mangelhafter Sprachkenntnisse braucht niemand zu haben, denn im Besucherzentrum ist das fremdsprachengeschulte Personal auf derartige Fälle vorbereitet.

Zu den neuesten, auf Erhalt der Filmgeschichte abzielenden Errungenschaften des Stadtteils gehört das **Hollywood Entertainment Museum ❷**, das im 1928 erbauten ehemaligen *Hollywood Pacific Theater* eingerichtet wurde. Die Vielzahl von Exponaten zeichnet nicht nur nach, wie sich über die Jahrzehnte hinweg die Filmindustrie entwickelte, sondern verfolgt auch die parallel laufenden Entwicklungen von Tonaufnahmen, Radio, Fernsehen und schließlich auch die Computertechnik, die zur Herstellung von Spezialeffekten heute unverzichtbar ist. Von den interessanten Ausstellungsstücken abgesehen, ist schon allein das prunkvolle Interieur des restaurierten Theaters einen Besuch wert. Natürlich rechnet jeder Hollywood-Besucher damit, an irgendeiner Straßenecke plötzlich Clint Eastwood oder Julia Roberts gegenüber zu stehen. Wer mit solchen Prominenten-

Der Walk of Fame

Ein Marmorstern für Count Basie auf dem Walk of Fame

WEGE 1 UND 4

0   1 Meile

0   1 Kilometer

Weg 1
1. Los Angeles Convention & Visitors Bureau
2. Hollywood Entertainment Museum
3. Hollywood Wax Museum
4. El Capitan Theater
5. Walk of Fame
6. Mann's Chinese Theatre
7. Hollywood Roosevelt Hotel
8. Hollywood Studio Museum
9. Hollywood Bowl
10. Universal Studios
11. Gene Autry Western Heritage Museum
12. Los Angeles Zoo
13. Griffith Park Visitors' Center
14. Griffith Observatory
15. Hollyhock House
16. Paramount Studios
17. Zeichen Hollywood

Weg 4
36. MacArthur Park
37. Granada Building
38. I. Magnin Wilshire Building
39. Wiltern Center
40. Korean Cultural Center
41. Ambassador Hotel
42. Getty House
43. Miracle Mile
44. Hancock Park
45. Los Angeles County Museum of Art
46. Farmers' Market
47. Peterson Automotive Museum
48. Martyrs Memorial Museum of the Holocaust

begegnungen kein Glück hat, kann es im **Hollywood Wax Museum** ❸ versuchen, wo sich alles, was Rang und Namen hat, ein Stelldichein gibt – bleichgesichtig und seltsam leblos, wie es von aus Wachs modellierten Zeitgenossen nicht anders zu erwarten ist.

Einige der Berühmtheiten des Wachsfigurenkabinetts waren in den zwanziger und dreißiger Jahren häufige Gäste im * **El Capitan Theater** ❹, das 1926 nach den Entwürfen der Architekten Morgan, Walls und Clements errichtet worden war. In diesem in jüngster Vergangenheit renovierten Lichtspieltheater, das die Versessenheit seiner Bauherren und Baumeister auf exotische und orientalische Elemente dokumentiert, finden heute unterschiedliche Shows statt. Unwillkürlich wandern die Augen des Besuchers durch das prachtvoll ausgestattete Auditorium, das gelegentlich attraktiver erscheint als das, was sich auf der Bühne tut. Auf diesen Brettern inszenierte 1939 der aus Deutschland emigrierte Theaterregisseur *Leopold Jessner* (1878–1945) mit Exilschauspielern aus New York und Los Angeles Schillers „Wilhelm Tell". Allerdings ohne Erfolg. Das lag weniger an der Inszenierung selbst, als daran, daß die Vorstellung auf Englisch gegeben wurde, die meisten Schauspieler diese Sprache aber gar nicht beherrschten. So trugen sie ihre Texte nur phonetisch vor, d. h. sie verstanden überhaupt nicht, was sie auswendig gelernt hatten. Kein Wunder, daß das Stück nach drei Aufführungen abgesetzt wurde.

Schon vor Jahrzehnten war es den Stadtverantwortlichen ein Anliegen, den Glanz und Ruhm von Hollywood auf geeignete Art und Weise der Nachwelt zu erhalten. Im Jahr 1958 kam die örtliche Handelskammer auf die Idee, die großen Namen des Films und des Showbusineß unauslöschlich zu verewigen, und zwar im Pflaster der Gehsteige zu beiden Seiten des Hollywood Boulevard. So entstand die berühmteste Promenade der Stadt, der sogenannte * **Walk of Fame** ❺. Auf dem

zentralen Abschnitt des Boulevards erinnern ungefähr 2500 messingumrahmte Marmorsterne an die „Unsterblichen" der Unterhaltungsbranche, von Fats Domino über Rudolph Valentino bis zu James Dean und Tom Cruise. Manche Stars haben es sogar zu mehreren Sternen gebracht, wie etwa der Westernheld Gene Autry, der durch fünf Sterne geehrt wird.

Die *Hollywood Chamber of Commerce* achtet darauf, daß die ins Pflaster gesunkenen Himmelskörper täglich gereinigt werden, sofern das nicht schon durch Fanklubs einzelner Prominenter besorgt wurde, die ihren Idolen manchmal mit Bürste und Lappen zu neuem Glanz verhelfen. Wird einem Star ein solcher Stern gewidmet, erwarten die Organisatoren, daß die Geehrten den Zeremonien auch beiwohnen. Unter denen, die dem Starkult keine Beachtung schenken, soll sich u. a. Barbra Streisand befinden.

Der Walk of Fame führt mitten ins touristische Zentrum von Hollywood, das sich an seiner extravaganten Architektur leicht erkennen läßt. Millionen von Besuchern pilgern Jahr für Jahr vor * **Mann's Chinese Theatre** ❻ vorbei, das 1927 zu einer Zeit entstand, als unkonventionelles Bauen quasi das Markenzeichen von Hollywood war. Bauherr Sidney Grauman (1879–1950) war der „Erfinder" der Filmpremieren, für die er neben diesem Kinopalast auch das bereits 1922 eröffnete *Egyptian Theatre* errichten ließ. Der chinesische Phantasiebau gehört zu den wenigen historischen Gebäuden von Hollywood, die seit ihrer Fertigstellung nur geringe Veränderungen erlebten. Zur weltbekannten Attraktion wurde der Komplex hauptsächlich durch seinen Vorplatz. Auf quadratischen Bodenplatten hinterließen dort viele Leinwandstars ihre Hand-, Fuß- und sogar Nasenabdrücke im weichen Zement. Nirgendwo sonst haben Fans die Gelegenheit, ihren angebeteten Idolen so nahe zu kommen wie hier. Angeblich ließ sich die Stummfilmschauspielerin Norma

1

Seite 36

Enttäuschung auf dem „Pfad der Idole"

Clevere Unternehmer haben natürlich längst das touristische Potential erkannt, das in den Wohnbezirken der bekannten Film- und Showgrößen etwa in Hollywood und Bel Air schlummert. Viele Stadtbesucher reizt es verständlicherweise, einmal einen Blick auf die Villen und Residenzen ihrer Idole werfen zu können. Kein Wunder, daß sogenannte *Celebrity Tours* zu den populären Attraktionen zählen, die von einigen Unternehmen angeboten werden. Bei diesen Führungen erfährt man zwar interessante und amüsante Details über die Prominenz der Stadt. Da sich die Stars aber gegenüber allzu Neugierigen durch Mauern und Hecken abzuschotten wissen, macht sich am Ende solcher Touren häufig Enttäuschung breit. Aber es gibt noch eine bessere Möglichkeit für den Starkult. Wer wild entschlossen ist, einem Leinwandstar zu begegnen und eventuell ein Autogramm zu erhaschen, kann sich beim **Motion Picture Coordination Office** ein *shoot sheet* besorgen. Auf der Liste sind Lokationen aufgeführt, an denen am betreffenden Tag gedreht wird. Zudem erfährt man aus der Broschüre, um was für Aufnahmen es sich handelt, wer als Regisseur engagiert wurde und wer vor der Kamera agiert (6922 Hollywood Blvd., Zimmer 602, ☎ 213/957-1000).

Talmadge 1927 von Graumann den Bau zeigen und trat dabei versehentlich in den noch nicht abgebundenen Zementboden, womit eine bis heute andauernde Tradition geschaffen war.

Graumanns phantastischer Tempel, der von einem geschwungenen Pagodendach und zwei löwenähnliche Fabelwesen aus weißem Marmor vor dem Eingang behütet wird, erlebte in den vergangenen Jahrzehnten viele Premieren von Filmen, die nach Jahren mit den begehrten Oscars (s. S. 52) ausgezeichnet wurden.

Im Jahr 1927 wurde dieser Filmpreis zum ersten Mal verliehen, und zwar schräg gegenüber im inzwischen renovierten ***Hollywood Roosevelt Hotel** ❼. Heute hängen hier die Fotos von Charlie Chaplin und Marilyn Monroe in der Lobby an der Wand und erinnern an die großen Zeiten der Leinwandstars und Künstler, um die sich so manche Legende rankt. So soll beispielsweise Errol Flynn im Salon des Hotelfriseurs ein Rezept für einen Drink aus Gin erfunden haben. Verbürgt ist die Tatsache, daß Ernest Hemingway, Scott Fitzgerald und Salvadore Dalí im *Cinegrill* zu den prominentesten Gästen zählten.

Mann's Chinese Theatre und . . .

. . . davor die Fuß- und Handabdrücke von Humphrey Bogart

Zu den gefragtesten Räumen des Hotels gehört Zimmer 928, in dem Montgomery Clift im Jahr 1952 drei Monate lang wohnte.

Nördlich des Hollywood Boulevard wird die Gegend immer bergiger, je weiter die Straßen in die Hollywood Hills vordringen, die zu den Ausläufern der Santa Monica Mountains gehören. Schon in den zwanziger Jahren begannen sich in diesem Teil von Hollywood manche Berühmtheiten ihre Villen zu bauen.

Im Jahre 1913 hatte sich der Regisseur Cecil B. De Mille in einer Scheune sein erstes Studio eingerichtet, in der er mit „The Squaw Man" einen der ersten Hollywoodfilme drehte. Der Bau, der in der Vergangenheit zweimal seinen Standort wechselte, dient heute als **Hollywood Studio Museum** ❽ mit Oldtimer-Kameras und Kostümen sowie einem Nachbau von De Milles ehemaligem Büro. Einmal im Monat führt die *Silent Society* Stummfilme vor, die auch Nicht-Mitglieder anschauen können.

In diesen Pionierzeiten entstand mit der * **Hollywood Bowl** ❾ in einem natürlichen Amphitheater ein Open-air-Konzertplatz, der den Einwohnern von Los Angeles längst ans Herz gewachsen ist. Mit Sack und Pack ziehen sie im Sommer hierher. Sitzkissen, wärmende Decken und ein Imbiß sind gewissermaßen die Grundvoraussetzungen, um ein Kulturereignis in vollen Zügen genießen zu können.

Im Sommer veranstaltet die *Los Angeles Philharmonic* in der Konzertmuschel ihre Musikabende, die sich mit Pop- und Rock-Spektakeln abwechseln. Rund 30 000 Besuchern bietet die Bowl Platz, 20 000 davon können sogar einen Sitzplatz einnehmen. 1934 inszenierte an dieser Stelle der ein Jahr zuvor in die USA gekommene Max Reinhardt Shakespeares „Sommernachtstraum" und setzte damit neue Maßstäbe in der amerikanischen Theaterlandschaft.

Im **Hollywood Bowl Museum** sind Fotos, Pläne und Zeichnungen über die ersten Entwürfe der Konzertmuschel ausgestellt. Interessenten können sich einen 20minütigen Videofilm über die Geschichte der Hollywood Bowl vorführen lassen.

Die schnellste und einfachste Verbindung von Hollywood ins Reich des modernen Films ist der Hollywood Freeway, der die Verbindung vom Stadtzentrum nach *Universal City* und weiter ins San Fernando Valley herstellt. Am Rande des nördlichen Hollywood bilden die ** **Universal Studios** ❿ quasi eine eigene Stadt. Wo sich heute eine Landschaft aus Studiohallen ausdehnt, kaufte 1915 der aus dem schwäbischen Laupheim stammende Stummfilmproduzent *Carl Laemmle* (1867–1939) den Grund und Boden einer Hühnerfarm, um dort sein Studio aufzubauen. Offenbar war ihm die Bedeutung der Werbung von Anfang an ein Begriff. Zur Studioeröffnung ließ er keinen Geringeren als die Westernlegende Buffalo Bill Cody heranschaffen, der es als Büffeljäger und Westernshowstar zu Rang und Namen gebracht hatte. Schon zu Laemmles Zeiten hatte die Öffentlichkeit Gelegenheit, die Stummfilmproduktion gegen ein Entgelt von 25 Cents mitzuverfolgen. 1964 veranstaltete die Filmgesellschaft die ersten Touristentouren über das Filmgelände, bei denen neugierige Gäste einmal hinter die Kulissen der Traumfabrik schauen durften.

Derartige Einblicke gehören heute der Vergangenheit an. Längst hat die moderne Computertechnik auf dem Riesengelände die Regie übernommen. Zuschauer bekommen etwa demonstriert, wie es während eines Erdbebens in einer Untergrundbahn in San Francisco zugeht oder wie in einem Katastrophenfilm mit List und Tücke ein Großbrand simuliert wird. Sensationshascherei, Spezialeffekte und visuelle Schockerlebnisse stehen im Vordergrund, während von einem tatsächlich in Betrieb befindlichen Filmstudio weit und breit nichts zu sehen ist. Die Passagiere der kommentierten Tram-Touren werden durch unterschiedliche Kulissenviertel etwa zum Haus von Norman Bates gefahren, das in Alfred Hitchcocks Thriller „Psycho" eine Hauptrolle spielte. Unbeschadet überstehen die Gäste den Angriff des schwimmenden Monsters aus Steven Spielbergs „Der weiße Hai" und des Riesengorillas „King Kong", der 6,5 Tonnen auf die Waage bringt. (🕐 tgl. 9–21, im Sommer 8–23 Uhr.)

Vor dem Eingang zum Studiogelände bildet der **Universal CityWalk** eine von Restaurants, Läden und Imbissen gesäumte Fußgängerzone, in der sich Besucher bei Hamburger und Coca-Cola erholen können.

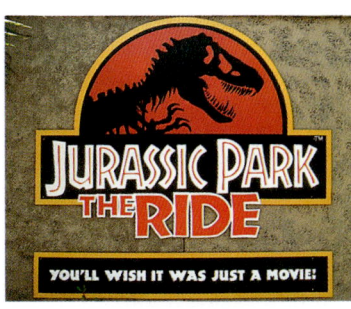

In den Universal Studios

Griffith Park

Im Osten von Universal City dehnt sich der 1600 ha große Griffith Park aus, der zu den größten städtischen Grünzonen ganz Amerikas zählt. Der Name leitet sich von einem hohen Offizier ab, der das Areal 1882 kaufte und es 14 Jahre später der Stadt vermachte. Die Parkfläche erstreckt sich nicht nur über die flachen Abschnitte etwa im Osten, wo Golfer und Tennisfans ihrer Leidenschaft frönen können, sondern auch

Fototermin mit einem Riesenhai in den Universal Studios

Institution in Sachen Erotik

Die Liebhaber stammen aus zwei unterschiedlichen Lagern. Die einen fühlen sich durch die Architektur dieses 1935 errichteten Bauwerks angezogen. Die Baumeister Frank Falgien und Bruce Marteney huldigten mit ihrem Entwurf dem damals supermodernen Art-déco-Stil, zu dem der heute lachsfarbene Außenanstrich paßt. Die anderen werden eher in Bann geschlagen durch das, was **Frederick's of Hollywood** im Ladeninnern bietet: erotische Reizwäsche in sämtlichen Variationen. Geriet das Geschäft bisher nur dann in die Schlagzeilen, wenn eine Horde von Paparazzi einen Star beim Einkauf ertappte, so änderte sich das mit den auch auf Hollywood übergreifenden Rassenunruhen des Jahres 1992. Damals verschwand nebst anderen Waren ein Korsett von Madonna aus einer Vitrine. Wenige Tage später lieferte ein von Schuld geplagter Mann bei einem Priester eine Tüte voll Diebesgut ab, darunter ein Slip von Ava Gardner und ein Büstenhalter der Schauspielerin Katey Sagal. Das Korsett von Madonna ist bis heute verschollen. (6608 Hollywood Blvd., schräg gegenüber dem Hollywood Wax Museum.)

1

Seite 37

über ein hügeligeres Gelände im Norden mit Wanderpfaden und Reitwegen.

Im äußersten Nordosten des Parks hält das ***Gene Autry Western Heritage Museum ⓫** die Geschichte des amerikanischen Westens auf eindrucksvolle Weise am Leben. Über 16 000 Exponate beschäftigen sich mit der Region, ihrer prähistorischen Vergangenheit und den Menschen, die dort seit Jahrtausenden lebten bzw. erst in den vergangenen Jahrhunderten dort Fuß faßten: von Spaniern über Russen, Franzosen und Engländern bis hin zu den Amerikanern. Von Waffen berühmter Desperados bis in die Ära der modernen Filmindustrie reichen die Artefakte in dem 1988 errichteten Museum, das von der *Gene Autry Foundation* finanziert wurde. Sie hält die Erinnerung an den „singenden Cowboy" Gene Autry aufrecht, der Filmgeschichte schrieb. (⏱ Di–So 10–17 Uhr.)

In der Nachbarschaft des Museums sind manchmal Tierlaute zu hören, die ganz und gar nicht ins südliche Kalifornien und schon gar nicht an den Stadtrand von Los Angeles passen wollen. Im 1966 eröffneten **Los Angeles Zoo ⓬** leben über 2000 Tiere, darunter rund vier Dutzend bedrohte Arten, in z. T. weitläufigen Gehegen. Was den Tierpark so attraktiv macht, ist der Versuch der Planer, die natürliche Umwelt der entsprechenden Arten so weit wie möglich zu simulieren. Mit *Adventure Island* befindet sich auf dem Gelände ein Areal, das mit seinen unterschiedlichen Landschaftstypen, einem Aviarium und einem Tierhospital besonders die jüngeren Besucher anspricht.

Weiter südlich an der Crystal Springs Road geben im **Griffith Park Visitors' Center ⓭** die Ranger gerne Auskunft über die vielen Attraktionen in dieser grünen Oase.

Bekanntester Punkt im Park ist das ****Griffith Observatory ⓮** mit der angeschlossenen **Hall of Science**. Der weiße Kuppelbau aus dem Jahr 1935 liegt in den Hollywood Hills an einer Stelle, von welcher der Blick über die ganze Stadt reicht. Hat sich der Smog und Dunst über dem Häusermeer zufälligerweise einmal verzogen, tauchen am blauen Horizont sogar die Umrisse von Catalina Island – 41 km weit vor der Küste – auf. Kein Wunder, daß sich diese Stelle bei Filmregisseuren besonderer Beliebtheit erfreut. Einer der berühmtesten Streifen, die das Planetarium und seine Umgebung zur Kulisse machten, war in den fünfziger Jahren „Denn sie wissen nicht, was sie tun" mit James Dean und Natalie Wood in den Hauptrollen.

Im Planetarium werden das Jahr über unterschiedliche Sternen-Shows gezeigt, die jeweils verschiedene Schwerpunkte haben: von der Frage nach außerirdischem Leben bis zu Auswirkungen von Mond- und Sternenbeben. Die Hall of Science bietet eine Reihe faszinierender Ausstellungsstücke wie etwa ein über 100 kg schweres Foucaultsches Pendel, das die Rotation der Erde veranschaulicht, oder Sammlungen von Meteoriten und andere kosmischer Exponate. Wer schon immer wissen wollte, wieviel er auf dem Mars wiegen würde, erfährt es an dieser Stelle. Die Krakelnotizen der zitternden Nadeln zweier Seismographen sind ein Beweis dafür, daß sich Kalifornien auf schwankendem Boden befindet. Weniger naturwissenschaftlich geht es im *Laserium* zu, wo künstlerische Lasershows mit der Musik von Pink Floyd und Led Zeppelin untermalt werden. (⏱ im Sommer tgl. 12.30–22, sonst Di–Fr 14–22, Sa/So 12.30–22 Uhr.)

———

Während das Griffith-Planetarium zu den schönsten Beispielen der Art-déco-Architektur von Los Angeles zählt, ist das ***Hollyhock House ⓯** dem typischen Baustil des Architekten Frank Lloyd Wright verpflichtet. Aline Barnsdall, millionenschwere Erbin eines Ölimperiums, ließ zwischen 1917 und 1920 dieses Gebäude errichten, das auf vielfältige Weise aus dem konventio-

nellen Rahmen fällt: durch abge-
schrägte Wände etwa oder einen von
einem Wassergraben umgebenen offenen Kamin im Wohnzimmer. Überall
im Haus tauchen Zeichen und Symbole
der alten Maya-Indianer und Malven-
blüten auf, von denen das Haus seinen
Namen ableitet. Besucher sollten auf
ihren edelsten Körperteil achten. Manche Türöffnungen sind nur 1,70 m
hoch, nach Meinung des kleingewach-
senen Architekten mehr als genug.
Viele Räume des Hauses sind mit dem
originalen Mobiliar ausgestattet. Das
sehenswerte Anwesen hat seinen Platz
inmitten des *Barnsdall Park*, einer kleinen Künstlergemeinde, die von Aline
Barnsdall seinerzeit gegründet worden
war. (Führungen Di–So 12–15 Uhr.)

Zu den letzten großen Filmgesellschaften, die ihren Sitz in Hollywood selbst
haben, zählen die **＊Paramount Studios**
⓰. Auf den zweistündigen Fußtouren
durch das Gelände erfährt man so
ziemlich alles über die Geschichte der
Filmerei in Hollywood im allgemeinen
und bei Paramount im speziellen. In
der Zeit von August bis März werden
vor Ort unterschiedliche TV-Serien
produziert, an denen man als Zuschauer teilnehmen kann. (Mo–Fr stündliche
Touren von 9–14 Uhr.)

Von vielen Stellen in Los Angeles rückt
das unverkennbare Symbol der Film-
und Unterhaltungsmetropole in den
Blickwinkel – das berühmte **Zeichen
Hollywood** ⓱ auf dem Mount
Lee in den Hollywood Hills
(s. S. 18). Am Ende des Be-
achwood Canyon führt der
Mount Lee Drive in die Nähe
der wohl bekanntesten Buch-
stabenreklame der Welt.
Nachdem die Buchstaben in
der Vergangenheit häufig
von Vandalen beschädigt
wurden, sorgt seit einigen
Jahren ein ausgeklügeltes
Sicherheitssystem dafür, daß
das Wahrzeichen von Hollywood der Nachwelt erhalten
bleibt.

*Universal CityWalk, eine Fußgän-
gerzone mit Imbissen und Läden*

Griffith Observatory

*Blick vom Griffith Observatory
auf die nächtliche Riesenstadt*

Weg 2

Historischer Stadtkern und Chinatown

* El Pueblo de Los Angeles – * Union Station – Chinatown

In den mexikanischen Kneipen an der Olvera Street fließt die Margarita in Strömen. Die Musikanten einer Mariachi-Kapelle spielen zum x-ten Mal an diesem Abend „La Paloma", weil es ein Pulk deutscher Touristen um einen langen Holztisch so will. Wo heute spanischsprechende Händler bunte Wolldecken und bauchige Tonkrüge aus Mexiko unter die Leute bringen, stand im ausgehenden 18. Jh. die Wiege der heute zweitgrößten Stadt Amerikas. Aus der Pionierzeit sind verwinkelte Adobe-Gebäude übriggeblieben, die trotz aller Kommerzialisierung den historischen Kern der Metropole noch erahnen lassen. Sowohl El Pueblo als auch das benachbarte Chinatown erwachen erst am späteren Nachmittag zum Leben, so daß man einen Besuch von jeweils etwa 2 bis 3 Stunden auf diese Tageszeit verlegen sollte.

Ein von der Sonne ausgedörrtes Meer aus Beifußbüschen, hie und da ein paar Bäume, die magere Schatten warfen, verstreute Häuser, staubige, von Telegrafenmasten gesäumte Schotterstraßen, die am fernen Horizont mitten in den dunstigen Himmel führten: Historische Fotos zeigen, wie das Gebiet von Los Angeles noch zu Beginn des 20. Jhs. aussah. Damals waren seit der Stadtgründung immerhin schon über 100 Jahre vergangen. Allzuviel hatte sich in diesem Zeitraum im südlichen Kalifornien jedoch nicht verändert. Zwar hatte der in spanischen Diensten stehende Seefahrer Juan Rodriguez Ca-

brillo sein Schiff schon 1542 um die *Palos Verdes Peninsula* herumgesteuert und einen Blick auf die Indianerdörfer vor der Kulisse der Santa-Monica-Berge geworfen. Danach dauerte es aber noch bis 1769, ehe eine spanische Expedition unter Gaspar de Portola auf dem Marsch von San Diego an die Bucht von Monterey auf dem heutigen Stadtgebiet von Los Angeles seltsame Entdeckungen machte – schwarze, stinkende Teersümpfe, aus denen die Ureinwohner des Landes das Material bezogen, um ihre Kanus abzudichten. Mit Portola waren vom damals von der spanischen Krone verwalteten Mexiko die ersten Missionare über die Grenze ins südliche Kalifornien vorgedrungen und hatten damit begonnen, am sogenannten *Camino Real* („Königsweg") die ersten von schließlich 21 Missionsstationen aufzubauen. Als vierte dieser Missionen errichteten die Franziskaner 1771 etwa 16 km östlich von Downtown *San Gabriel Arcangel*.

Ein für die Geschichte der Stadt wichtigeres Ereignis folgte 10 Jahre später. Nach einem strapaziösen Marsch durch das unbekannte Südkalifornien ließ sich ein aus wenigen Dutzend Siedlern bestehender Trupp unter Führung von Felipe de Neve auf dem heutigen Stadtgebiet nieder und gründete am 4. September 1781 *El Pueblo de Nuestra Señora la Reina de los Angeles del Río de Porciuncula*, das „Dorf Unserer Lieben Frau der Königin der Engel vom Porciuncula-Fluß". Mag sein, daß diese übertriebene Namenslänge die späteren Einwohner genau zum Gegenteil veranlaßte, nämlich dem Namenskürzel L. A., das heute in aller Welt für Los Angeles steht.

* El Pueblo de Los Angeles ⓲

El Pueblo bildet mit einer Fläche von 18 ha, einer typischen Plaza und um die 25 Gebäuden den historischen Kern der Riesenstadt. Hätte eine Privatinitiative nicht schon vor Jahrzehnten für die Erhaltung dieses Areals gesorgt, wären die letzten baulichen Zeugnisse

Weg 2
- ⑱ El Pueblo de Los Angeles
- ⑲ Union Station
- ⑳ Sun Yat-Sen Square

Weg 3
- ㉑ City Hall
- ㉒ Los Angeles Times Building
- ㉓ Civic Center
- ㉔ Music Center
- ㉕ Museum of Contemporary Art

- ㉖ Wells Fargo Center
- ㉗ Angel's Flight
- ㉘ Westin Bonaventure Hotel
- ㉙ First Interstate World Trade Center
- ㉚ Los Angeles Central Library
- ㉛ Biltmore Hotel
- ㉜ Grand Central Public Market
- ㉝ Bradbury Building
- ㉞ Japanese American National Museum
- ㉟ Children's Museum

aus der Gründerzeit der Stadt wahrscheinlich längst abgerissen worden.

Vor allem am Spätnachmittag kommt man sich auf der **Olvera Street** mitten in ein malerisches Dorf irgendwo in Mexiko versetzt vor. Die Lokale sind durchweg in einem rustikalen Stil ausgestattet, der sich in das historische Ambiente des Pueblo einpaßt. Die Wirte lassen nichts unversucht, ihren Gästen den Aufenthalt so abwechslungsreich wie möglich zu gestalten. Typische Mariachi-Kapellen, bestehend aus Sängern, Trompetern, Geigenspielern und Gitarristen in silbergeschmückten Trachten, bei denen natürlich auch die riesigen Sombreros nicht fehlen, ziehen von einem Lokal zum anderen.

Die erste aus Spaniern, Schwarzen und Mischlingen bestehende Siedlergemeinde begann im ausgehenden 18. Jh. den Boden in den Uferzonen des Río Porciuncula zu kultivieren, der später den Namen Los Angeles River bekam. Ein Hochwasser ließ die Dorfältesten 1815 über einen neuen, ungefährdeten Standort der Siedlung nachdenken, der 10 Jahre später dort gewählt wurde, wo sich heute an der Olvera Street die kommerzialisierte Geschichte von Los Angeles aufreiht.

Hier befindet sich auch das älteste Gebäude der Stadt, **∗ Avila Adobe** von 1818, ein ebenerdiger ehemaliger Lehmbau eines einfachen Viehzüchters, den der Befehlshaber der US-Truppen in Kalifornien, Robert F. Stockton (1795–1866), im amerikanisch-mexikanischen Krieg 1847 kurzfristig zum militärischen Hauptquartier umwandelte. Heute sind die sechs Räume des Anwesens so ausgestattet, wie es um die Mitte des 19. Jhs. für Ranch-Häuser im südlichen Kalifornien üblich war.

Im Jahr 1971 erschütterte ein Erdbeben ganz Los Angeles, bei dem auch das Avila Adobe zu großen Teilen zerstört wurde. Danach hat man es im originalen Stil wiederaufgebaut. Allerdings bestehen die Wände nicht mehr aus dem ursprünglichen Adobe-Material,

sondern aus Beton (11 E. Olvera St.; ⊙ Di–Sa 10–15 Uhr). 1953 kaufte der Staat das historische Anwesen und stellte es Christine Sterling als Wohnsitz zur Verfügung. Die 1963 verstorbene Dame war keine Bürgerin wie jede andere. Im Jahr 1926 hatte sie eine große Kampagne eingeleitet, um Geld für den Erhalt des Pueblo und seiner historischen Gebäude zu sammeln. Der Plan hatte Erfolg. Vier Jahre später konnte Olvera Street im neuen Gewand einer geschmackvoll im mexikanischen Stil gestalteten Fußgängerzone eröffnet werden. War die Gegend noch 10 Jahre zuvor unter dem Namen *Sonoratown* ein Treffpunkt überwiegend düsterer Gestalten und ein Hort dunkler Machenschaften, so hatte sich der Charakter des historischen Viertels nun völlig zum Positiven verändert.

An der gepflasterten Touristenstraße und rund um die Plaza liegen nicht nur mexikanische Restaurants oder Verkaufsstände für mexikanische Wolldecken und Ledergürtel. Außer Avila Adobe haben weitere historische Gebäude wie etwa das zweigeschossige, 1887 erbaute **∗ Sepulveda House** im viktorianischen Stil den Zeitenwechsel überstanden. In diesem Ziegelgebäude ist ein Informationszentrum eingerichtet, in dem interessierten Besuchern ein knapp 20minütiger Film über die Stadtgeschichte vorgeführt wird (12 W. Olvera St.). Eines der frühesten aus Ziegeln erbauten Gebäude war das **Pelanconi House,** in dem sich heute ein mexikanisches Restaurant befindet (17 W. Olvera St.).

Das drei Stockwerke hohe **∗ Pico House** aus dem Jahr 1870 an der Südwestecke der Plaza galt seinerzeit als eines der schönsten Gebäude der ganzen Stadt. Der einem italienischen Palazzo ähnliche Bau war die Residenz des letzten mexikanischen Gouverneurs von Kalifornien, Pio Pico, ehe es in eine Nobelunterkunft verwandelt wurde. Der ansprechende Bau ist heute in Privatbesitz und der Öffentlichkeit nicht zugänglich. Direkt dahinter liegen an der Main Street zwei weitere Gebäude aus dem 19. Jh.: das **Merced Theatre** von 1870, das erste Theater der Stadt, und die dem Stil der italienischen Renaissance nachempfundene **Masonic Hall** von 1858, die erste Niederlassung der örtlichen Freimaurerloge.

Um die Mittagszeit treten auf der **Plaza Mayor** häufig Folkloregruppen auf und zeigen in bunten Kostümen und Federschmuck indianische Tänze für die Horden von Touristen, die sich Tag für Tag im historischen Herzen der Stadt einfinden. Am lebhaftesten geht es hier am 5. Mai zu, wenn die aus Mexiko stammenden Einwohner der Stadt in ausgelassener Stimmung den mexikanischen Unabhängigkeitstag feiern.

An der Westseite des Platzes entstand zwischen 1818 und 1822 die **Our Lady Queen of the Angels Catholic Church,** das älteste Gotteshaus in Los Angeles. Vom 1784 errichteten Vorgängerbau ist nichts mehr übrig. Die ursprünglichen Adobe-Wände der heutigen Kirche wurden in den sechziger Jahren des vergangenen Jahrhunderts durch Ziegelmauern ersetzt. Alljährlich am Ostersonntag kommen vor dem Gotteshaus große Kinderscharen zusammen, die ihre Katzen, Hunde, Hasen, Hamster oder Vögel mitbringen, um sie von den Geistlichen segnen zu lassen. Seit eh und je ist diese Kirche das religiöse Zentrum der in die Millionen gehenden spanischsprechenden Bevölkerung von Los Angeles (535 N. Main St.).

Südlich der Plaza dient das über 110 Jahre alte **Old Plaza Firehouse** als Feuerwehrmuseum. Die Brandlöschausrüstungen stammen größtenteils aus der Zeit, als in der Stadt noch kein einziger Wolkenkratzer stand (501 N. Los Angeles St.).

———

Nur einen kurzen Spaziergang von El Pueblo entfernt fällt ein großes, weißgetünchtes Gebäude ins Auge, dessen Architektur im spanischen Missionsstil an die von Franziskanern gegründeten

2

Seite **45**

El Pueblo de Los Angeles

Mariachi-Kapelle in der Olvera Street

Union Station

Missionsstationen entlang dem Camino Real erinnern. Aber die **＊Union Station** ⑲ wurde erst 1939 nach den Plänen des Architektenduos John und Donald Parkinson als Bahnhof der drei Eisenbahngesellschaften Santa Fe, Union Pacific und Southern Pacific fertiggestellt. Nicht nur von außen beeindruckt dieser Bau mit seinen klaren Formen, den typischen, nur gering abgeschrägten Dächern und dem Turm, der genausogut zu einer Kirche gehören könnte. Die 15 m hohe Wartehalle besitzt eine schöne Decke aus Holzbalken, während der Boden aus spiegelnden Marmorplatten besteht. Durch den Rückgang des Eisenbahnfernverkehrs hatte dieser Bahnhof schon bald nach Fertigstellung seine Bedeutung weitgehend verloren, wenngleich hier heute noch die Amtrak-Fernzüge abfahren bzw. ankommen, die Los Angeles mit San Diego, New Orleans, Seattle, Las Vegas und Chicago verbinden. In den letzten Jahren bekam Union Station eine neue Funktion als Nahverkehrsbahnhof für die U-Bahn zum MacArthur Park und für die Straßenbahn nach Long Beach.

Chinatown

Im Norden von El Pueblo nimmt die Stadt erkennbar asiatische Züge an: Chinatown, das Zentrum der fernöstlichen Gemeinde von Los Angeles mit etwa 10 000 Einwohnern, einer Vielzahl von typischen Restaurants und Garküchen sowie einigen hübschen Architekturbeispielen. Bis in die dreißiger Jahre konzentrierte sich die chinesische Bevölkerung der Stadt in der Gegend, wo sich heute die Union Station befindet, mußte schließlich aber dem Bahnhofsbau weichen.

Verglichen mit San Francisco ist das „Reich der Mitte" in Los Angeles zwar nur ein schwacher Abglanz, ein kleiner Bummel durch die exotisch anmutenden Straßenzüge lohnt dennoch. Vom North Broadway führt ein Tor, das einer chinesischen Pagode ähnelt, zum zentralen Platz mit einem Denkmal für Sun Yat-Sen (1866–1925), den ersten

Präsidenten der Republik China. Nach einem mißlungenen Putschversuch 1895 in Kanton setzte er sich ins Ausland ab, wo er u. a. in den USA lebte und unter den Auslandschinesen eine große Anhängerschaft hatte.

Um den **Sun Yat-Sen Square** ⑳ gibt es Läden mit allerlei Krimskrams, Kräuter- und Teegeschäfte, und in den benachbarten Straßen findet man viele gute Restaurants. Eingeweihte wissen, daß chinesische Kost in den USA häufig ganz anders, typischer schmeckt als beispielsweise in Deutschland. Das mag daran liegen, daß in amerikanischen Großstädten die Chinatowns weitgehend geschlossene Gemeinden bilden, in denen Bräuche und Traditionen fast unverfälscht fortleben können.

Wer im chinesischen Viertel von Los Angeles seinen Besichtigungstag mit einer schmackhaften fernöstlichen Mahlzeit abrunden will, ist nicht schlecht beraten mit einer Einkehr bei **Mon Kee.** Das häufig stark besuchte Restaurant ist auf Fisch und Meeresfrüchte spezialisiert, die quasi vor der

Chinesen in Kalifornien

Wenn man der Statistik Glauben schenkt, lebten im Jahre 1850 exakt zwei Chinesen, und zwar zwei Hausdiener, unter den etwa 1600 Einwohnern von Los Angeles. Ganz Kalifornien, eben erst amerikanischer Bundesstaat geworden, war zur damaligen Zeit in einem hektischen Aufbau begriffen. Arbeit gab es an der Pazifikküste in Hülle und Fülle. An Arbeitskräften hingegen herrschte in dem noch dünn besiedelten Land ein großer Mangel.

In China hingegen machte sich eine tiefgehende Rezession breit, die vielen Menschen die Entscheidung zur Auswanderung erleichterte, gewissermaßen sogar aufzwang. Vor allem 1848/ 49, in der Zeit des kalifornischen Goldrausches, und während des Eisenbahn-

Haustür gefangen werden. Zu den Leckerbissen gehören ganze Taschenkrebse in Knoblauchsauce. Daneben wird auch eine breite Palette von Fleisch- und Geflügelgerichten angeboten (679 N. Spring St., ☎ 213/628-6717; So Ruhetag; Ⓢ–Ⓢ).

Chinatown ist längst nicht mehr nur eine homogene chinesische Enklave. Seit Jahrzehnten ließen sich dort auch Menschen aus Kambodscha, Laos und Vietnam nieder, und manche brachten ihre Küchengeheimnisse mit nach Los Angeles. Zu den besten vietnamesischen Küchen der Stadt gehört **Than–Vi,** ein einfaches Lokal, das für Liebhaber fernöstlicher Nudelgerichte aber die Pforte des Gourmet-Himmels bedeutet (422 Ord St., Ecke Hill St., ☎ 213/687-3522; Ⓢ).

Am lebhaftesten gibt sich Chinatown beim alljährlichen chinesischen Neujahrsfest, das mit viel Krach Ende Januar bzw. Anfang Februar gefeiert wird. Junge Leute ziehen mit Drachenmasken durch die bunt geschmückten Straßenzüge.

Durch dieses Tor gelangt man auf den Sun Yat-Sen Square

baus spielten die fernöstlichen Arbeitskräfte eine große Rolle.

Noch 1868 legte ein Vertrag zwischen China und den USA die jährliche Einwanderungsrate auf 16 000 fest, obwohl der Zuzug der Asiaten unter der weißen Bevölkerung Amerikas wenig Zustimmung fand. Als ein Jahr später die transkontinentale Bahnlinie fertiggestellt war, entschlossen sich viele arbeitslos gewordene Chinesen, ihr Glück in den Städten, in den Gold- und Silberbergwerken oder als Erntearbeiter auf dem Lande zu versuchen. Da sie für weniger Geld als die Weißen auch die unbeliebtesten Jobs erledigten, entstand über die Jahre ein immer brisanteres, mit Rassenvorbehalten vermischtes Konkurrenzverhältnis. Sowohl in San Francisco als auch Los Angeles kam es so-

gar zu zahlreichen Fällen von Lynchjustiz gegen Chinesen. Selbst durch kalifornische Gesetze wurden die Einwanderer aus Asien diskriminiert. So durfte vor Gericht kein Chinese gegen einen Weißen aussagen. Mischehen zwischen Chinesen und Weißen waren verboten. Die Einwanderer hatte nicht das Recht, Haus- und Grundbesitz zu erwerben oder Tätigkeiten im öffentlichen Dienst auszuüben. Die Bundesgesetze behandelten sie nicht besser.

Mit den sogenannten *Exclusion Acts* der Jahre 1882, 1892 und 1902 traf Washington D.C. Vorkehrungen, um die weitere Einwanderung von Chinesen in die USA zu stoppen. Erst nach dem Zweiten Weltkrieg wurden die diskriminierenden Gesetze geändert.

Weg 3

Downtown Los Angeles

*City Hall – *Museum of Contemporary Art – *Los Angeles Central Library – Broadway – Little Tokyo

Nirgendwo im Stadtzentrum sieht es so unamerikanisch aus wie am Broadway, der eher einem Straßenzug in einer südamerikanischen Metropole ähnelt. Auf beiden Seiten ist die ehemalige Kino- und Theatermeile mit riesigen Reklameschildern drapiert, zwischen denen viele Läden ein fast unauffälliges Dasein führen. Aus offenen Türen plärren Lautsprecher südamerikanischen Rhythmen auf die Straße. Verkäufer bieten preisgünstige Koffer, Berge von Billigklamotten, protzigen Goldschmuck und Tonkassetten von Julio Iglesias an, ohne die kein hispanischer Haushalt auszukommen scheint. Zwei, drei Straßenzüge Distanz genügen, um Downtown Los Angeles gründlich zu amerikanisieren. In schwindelnder Höhe über Straßenniveau wachen Banker und Aufsichtsratsvorsitzende in Wolkenkratzersuiten über Wirtschaftskonzerne und Finanzimperien – Amerika wie es leibt und lebt. Eine Besichtigung von Downtown nimmt mindestens einen Tag in Anspruch, Museums- oder Theaterbesuche nicht eingerechnet.

Seit Anfang der sechziger Jahre hat sich Downtown Los Angeles äußerlich völlig verändert. Bis zum Jahr 1957 galten in Los Angeles strikte Baugesetze, die über 13 Stockwerke hinausreichende Bauten wegen der ständig drohenden Erdbebengefahr verboten. Dann wurde dieses Verbot aufgehoben, nicht weil es sich etwa die Plattentektonik anders überlegt hätte, sondern weil nach Meinung von Architekten und Statikern mit neuen Konstruktionen und Materialien erdbebensicher gebaut werden konnte.

Bis 1957 bildete die einzige Ausnahme im gesamten Stadtgebiet der in einer Pyramide endende Turm der 1928 erbauten *City Hall ㉑, wahrscheinlich weil man der Stadtverwaltung einen entsprechenden Überblick über ihren Aufgabenbereich nicht verwehren wollte. Nicht nur äußerlich, sondern auch im Innern ist das Rathaus ein sehenswertes Gebäude und reflektiert den Stolz der Stadtväter auf ihre Stadt. Die riesige Eingangshalle ähnelt in ihren Dimensionen fast einer Kirche mit Wänden aus französischem Kalkstein und einem Steinboden aus unterschiedlichen Marmorarten, über dem sich eine imponierende Kuppel wölbt.

Da das Erdbeben von 1993 erhebliche Schäden verursacht hatte, war die Aussichtsplattform auf dem 27. Stockwerk des Gebäudes für einige Zeit gesperrt. Heute bietet sich jedoch für den Besucher von hier aus wieder ein faszinierender Blick über die riesige Stadt und die sie umgebenden Bergketten.

Südwestlich der City Hall residiert im **Los Angeles Times Building ㉒** eine der auflagenstärksten Tageszeitungen der USA – und eine der politisch und wirtschaftlich einflußreichsten. Die *Los Angeles Times* wurde 1881 gegründet und gewann seit 1942 mehrfach den begehrten Pulitzerpreis, 1966 etwa für die Berichterstattung über die Unruhen im Stadtteil Watts. Auf Führungen bekommen Besucher einen Einblick in die redaktionelle und technische Herstellung des renommierten Blattes, das seine Sonntagsausgabe in über 1,4 Mio. Exemplaren druckt (◷ Mo–Fr ab 10 Uhr, ☎ 213/237-5757).

In der Nachbarschaft des Zeitungsgebäudes liegt das **Civic Center ㉓**. Um die Mittagszeit beleben sich die kleinen Parkanlagen in diesem riesigen administrativen Zentrum mit Angestellten, die im Schatten der Bäume flanieren oder auf Mäuerchen und Bänken sitzend ihr Lunch verzehren.

3

Seite
45

Der Oscar – die begehrteste Filmtrophäe

Im Veranstaltungskalender von Los Angeles verdient alljährlich ein Datum ganz besondere Aufmerksamkeit: die Verleihung der höchsten Auszeichnungen der *Academy of Motion Pictures, Arts and Sciences* im **Dorothy Chandler Pavilion.** Im Mittelpunkt dieses High-Society-Treffens stehen genau genommen nicht die weltbekannten Stars, die vor und hinter der Kamera arbeiten. Vielmehr geht es um eine etwa 35 cm große goldene Statuette, die einen kahlköpfigen Mann namens Oscar darstellt und gemeinhin als begehrteste Trophäe im Filmgeschäft gilt. Zu den Geehrten gehören nicht nur Schauspieler und Regisseure. Die *Academy Awards* werden u. a. auch für Filmtricks und Filmmusik, für herausragende Drehbücher und technische Leistungen verliehen. Ob die etwa 5000 der Akademie angehörenden Mitglieder dabei tatsächlich die Besten küren, darf getrost bezweifelt werden. Insider wissen längst, daß die Oscar-Verleihungen von vielen Faktoren abhängen, so auch davon, wieviel Geld in die Werbung für einen Film gesteckt wurde.

Nur ein kurzer Spaziergang trennt die Bürohochburg vom *** Music Center** ㉔, wo Musik und Theater regieren. Auf dem ausgedehnten, etwas steril wirkenden Platz mit dem *Peace-on-Earth-Brunnen* des Bildhauers Jacques Lipchitz stehen mit *Ahmanson Theatre, Mark Taper Forum* und dem *Dorothy Chandler Pavilion,* wo seit 1969 alljährlich die Zeremonie der Oscar-Verleihung stattfindet, drei der renommiertesten Kultureinrichtungen der Stadt. Mit ihrer Eröffnung im Jahr 1964 erhielt Los Angeles endlich ein echtes kulturelles Zentrum. Der Einfluß des Music Center auf die Kulturszene wird durch die neue *Walt Disney Concert Hall* noch wachsen. Die Fertigstellung des futuristischen Baus von Frank Gehry hat sich allerdings durch Finanzierungsprobleme stark verzögert.

Quasi eine Verbindung zwischen dem Music Center und dem Wolkenkratzerkern von Downtown stellt mit dem *** Museum of Contemporary Art (MOCA)** ㉕ ein Kulturtempel her, der bereits von Außen Aufmerksamkeit erregt. Das postmoderne Gebäude besteht aus roten Sandsteinquadern, die nach den Plänen des japanischen Architekten Arata Isozaki Anfang der achtziger Jahre zu einem reizvollen Ensemble zusammengesetzt wurden. Internationale Kunst seit 1940 findet in diesem Museum einen adäquaten Ausstellungsrahmen, zu dem die unterschiedlichen natürlichen Lichtquellen des Bauwerks ihren Teil beitragen.

Die Kunstlandschaft setzt sich außerhalb des Museums im **Wells Fargo Center** ㉖ fort. Zwischen den 1983 aus Stein und Glas erbauten Doppeltürmen des Zentrums verteilen sich auf einem dreigeschossigen Lichthof zwischen Restauranttischen die Werke von Joan Miró, Jean Dubuffet, Nancy Graves und Robert Graham zu einem internationalen Skulpturentreffen.

Das ebenfalls zum Komplex gehörende **Wells Fargo History Museum** beschäftigt sich mit der Pioniergeschichte des Banken- und Transportunternehmens Wells Fargo, das bei der Erschließung des amerikanischen Westens eine wichtige Rolle spielte. Neben einer Postkutsche, mit der im 19. Jh. Passagiere und Post befördert wurden, gehört ein gut gesicherter, kiloschwerer Goldbrocken zu den anschaulichsten Exponaten der über 140jährigen Firmengeschichte (◷ Mo–Fr 9–17 Uhr).

Südöstlich der Grand Avenue dehnt sich im Schatten der gigantischen Großstadtfassaden die *California Plaza* aus, die mit ihren Freilichtbühnen und

Wasserspielen vor allem im Sommer viele Menschen anlockt. Seit Anfang 1996 ist dieser Platz um eine Attraktion reicher. Im Jahr 1901 hatte die Stadtverwaltung ein Einsehen mit der Bevölkerung. Um den in dieser Gegend lebenden Bewohnern den steilen Aufstieg von der Hill zur Olive Street bzw. zur California Plaza zu erleichtern, ließ sie eine aus zwei Waggons bestehende Bergbahn bauen, die schon vor ihrer Fertigstellung auf den Namen **Angel's Flight** ㉗ getauft wurde. Die Einrichtung war bis 1969 in Betrieb, als sie im Zuge des generellen Abbaus des öffentlichen innerstädtischen Transportsystems den Göttern des Automobilzeitalters geopfert wurde. Als in der ersten Hälfte der neunziger Jahre die Wiederaufnahme von Bus- und Bahnlinien diskutiert wurde, kam den Stadtvätern die alte Bahn und ihre eventuelle touristische Anziehungskraft in den Sinn. Ob die kommenden Fahrgastzahlen die Restaurierung des Oldtimers rechtfertigen, wird sich zeigen. Daß die Bahn eine angenehme Prise historischer Atmosphäre in die anonymen Wolkenkratzerzerschluchten des Finanzdistriktes streut, ist jetzt schon sicher.

Viele Städte leben von solchen Kontrasten zwischen Alt und Neu, wobei der Schwerpunkt in Downtown Los Angeles eindeutig auf neueren Errungenschaften liegt wie etwa dem **Westin Bonaventure Hotel** ㉘ (s. S. 26) mit seinen fünf verglasten, zylinderförmigen Türmen, von denen der mittlere 35 Stockwerke hoch in den Himmel ragt. Ein gläserner Außenaufzug bringt Gäste auf die 34. Etage zur sich drehenden Cocktail Lounge, in der die Stadtlandschaft fast unmerklich vor einem vorbeizieht. Aber nicht nur in schwindelnder Höhe, sondern auch auf Straßenebene gibt sich das Luxushotel aus dem Jahr 1976 als etwas Besonderes. Die Hotellobby ist ein sechs Stockwerke hoher Lichthof, in dem ein Teich, Bäume und Büsche eine grüne Oase bilden.

Mit einer Höhe von 310 m und 73 Stockwerken stellt das **First Interstate**

Das Music Center mit dem Peace-on-Earth-Brunnen

Mittagspause in den Parkanlagen rund um das Civic Center

Ein wenig historische Atmosphäre inmitten der Wolkenkratzer

World Trade Center ㉙ das Westin Bonaventure Hotel bei weitem in den Schatten. Der 1992 nach einem Entwurf des chinesisch-amerikanischen Architekten I. M. Pei erbaute Granitriese gibt sich nachts mit einer erleuchteten Krone zu erkennen, die signalisiert, daß es sich um das höchste Gebäude westlich des Mississippi handelt. Zu Füßen des Giganten führen die **Bunker Hill Steps** geradewegs auf die Zentralbibliothek der Stadt zu. Begleitet wird die Treppenflucht von Wasserkaskaden und der Mär, daß die berühmte Spanische Treppe in Rom die Baumeister 1990 zu diesem Projekt inspiriert habe.

Obwohl in ihren Dimensionen, verglichen mit den umstehenden Wolkenkratzern, recht bescheiden, gehört die * **Los Angeles Central Library** ㉚ doch zu den architektonischen Wahrzeichen des Stadtzentrums. Die Architekten Bertram Goodhue und Carleton Winslow Sr. fertigten zu Beginn der dreißiger Jahre die Pläne für diese Bücherburg an, die eine ganze Reihe von Baustilen und Architekturelementen in sich vereinigt: von Beaux Arts über byzantinisch und römisch bis hin zu Art déco unter dem von einer ägyptischen Pyramide bekrönten Turm. Ein von Brandstiftern gelegtes Feuer führte 1986 zu schweren Schäden nicht nur an dem Gebäude, sondern auch an den Buchbeständen. Etwa 20 % der insgesamt 400 000 Bände wurden ein Raub der Flammen, über eine Million Bücher erlitten Beschädigungen, während eine wertvolle Sammlung von Patenten ganz verloren ging. Der Wiederaufbau wurde mit einer Erweiterung der Kapazitäten um ein geräumiges Atrium verbunden, so daß sich das Fassungsvermögen der Bibliothek fast verdoppelt hat (◷ tgl. 9–20 Uhr).

Südöstlich der Zentralbücherei bietet der **Pershing Square** Gelegenheit, auf einem freien Platz zwischen den Hochhausgiganten Luft zu schöpfen. Das gut 2 ha große Gelände wurde bereits 1866 zum ersten öffentlichen Stadtpark erklärt und 1918 nach General John J. Pershing (1860–1948) benannt, dem Oberbefehlshaber der US-Truppen in Frankreich im Ersten Weltkrieg. Bis 1950 muß der Park einen exotisch grünen Flecken gebildet haben, ehe die Anlage wegen der Bauarbeiten an einem unterirdischen Parkplatz temporär verschwand. Danach entstand der heutige Park mit Blumenrabatten, Grünflächen, einem Teich und einem 35 m hohen Campanile, ganz abgesehen von einer Beethoven-Büste, die sich in dieser Wolkenkratzerschneise ziemlich verloren vorkommen muß.

Die Westflanke des Parks wird vom 1923 erbauten **Biltmore Hotel** ㉛ (s. S. 26) beherrscht, das seinerzeit 10 Mio. Dollar kostete. Die Renovierung in den achtziger Jahren verschlang die vierfache Geldmenge, doch kann sich das traditionsverbundene Luxushotel heute wieder im Ruf sonnen, eine der stilvollsten Unterkünfte der Stadt zu sein. Der *Rendez-vous Court,* zu dem der Eingang an der Olive Street führt, ist eine glanzvolle Lobby, in der vormittags schier lautlose Kellner den Tee servieren und gegen Abend zu gedämpfter Pianomusik gut gekühlte Drinks auftragen. Wer sich im Biltmore ganz zurückziehen will, mietet sich am besten die Präsidentensuite, die sogar mit einem privaten Lift ausgestattet ist.

Herrscht um den Pershing Square und in den Wolkenkratzerschluchten der übrigen Downtown eine geschäftsmäßig kühle Atmosphäre, so verändert das Zentrum von Los Angeles sein Gesicht schlagartig, sobald man den belebten **Broadway** betritt. In den zwanziger und dreißiger Jahren ähnlich wie der New Yorker Broadway Schaumeile von Film und Theater, verfiel die Straße in den nachfolgenden Jahrzehnten immer mehr, als sich der Geschäftskern der Stadt in die neuentstandenen Hochhausburgen von Downtown und in andere Stadtteile verlagerte. Nach und nach hauchten spanischsprechende Einwanderer der ehemaligen Prachtstraße wieder Leben ein, indem sie dort Textil- und Schallplattenläden eröffneten, in manchen leerstehenden Lichtspielpalästen Einkaufszentren einrichteten und dem Broadway auf diese Weise zu einer neuen Identität verhalfen. So ähnelt diese Shopping-Meile heute einer Hauptstraße etwa in Mexico City, in der viele Fassaden aus den ersten Jahrzehnten des 20. Jhs. auf eine Renovierung warten, ehe sie ganz zerfallen sind.

Der prächtige Eingang des historischen Biltmore Hotel

Am Lebhaftesten geht es im ***Grand Central Public Market** ㉜ zu, der den ganzen Straßenblock zwischen Broadway und Hill Street einnimmt und an den Mengen von Obst und Gemüse, Fleisch und Geflügel schier zu bersten scheint. Am frühen Morgen entladen die Lastwagen ihre frische Ware, die sich später auf den rund 50 Marktständen innerhalb der Markthalle türmt.

Der Gang durch diesen quirligen Konsumtempel gerät zu einem Ausflug ins Reich der Sinne, der Geruchssinne vor

Entlang dem Broadway gibt es noch einige alte Lichtspielpaläste

3

Seite 45

Historische Filmpaläste am Broadway

Als sich Los Angeles in den zwanziger und dreißiger Jahren zum unumstrittenen Zentrum der Filmindustrie mauserte, konzentrierte sich das neue Medium nicht nur auf Hollywood, sondern auch auf den Broadway. Entlang dieser belebten Unterhaltungsmeile entstanden damals über ein Dutzend Lichtspielpaläste, die an Prunk und Dekoration nichts zu wünschen übrig ließen.

Mit dem Niedergang des Broadway ging auch eine Talfahrt der großen Kinos einher, von denen einige renoviert oder umfunktioniert wurden, während andere längst von der Bildfläche verschwunden sind.

Million Dollar Theater, 307 S. Broadway. Das Theater mit einer aufwendigen Decke im nachempfundenen spanischen Barockstil stammt von 1918.

Los Angeles Theater, 615 S. Broadway. Hier feierte im Jahr 1931 Charlie Chaplins Streifen „City Lights" die Premiere.

Loew's State Theater, 703 S. Broadway. Der 1921 errichtete Bau vereint im Innern kunstvollen mittelalterlichen und klassischen Dekor – aus Gips. Judy Garland stand in diesem MGM-Theater 1929 auf der Bühne.

Orpheum, 842 S. Broadway. Reizvolles Interieur im klassizistischen Stil mit einer Lobby aus Marmor. Im Theater steht noch die originale Orgel, mit der Ende der zwanziger Jahre Filmmusik gemacht wurde.

United Artists Theater, 933 S. Broadway. Dieses von 1927 stammende Theater wurde vollständig renoviert und ähnelt heute einem Kirchenraum.

Mayan Theater, 1040 S. Hill St. Der Name des 1927 erbauten Hauses leitet sich von Architekturelementen ab, die mit Motiven der alten Maya-Indianer geschmückt sind.

allem. Hier schnuppert man noch warmes Brot, dort steigen unverkennbare Küchennebel über kleinen Imbißständen auf, an denen flinke Hände typisch mexikanische Gerichte auf Pappteller zaubern (◷ Mo–Sa 9–18, So 10 bis 17 Uhr).

Nur wenige Schritte von der Markthalle entfernt hat ein zweites bauliches Überbleibsel den Niedergang des Broadway überdauert. Als das **＊Bradbury Building** ❸ gegen Ende des 19. Jhs. erbaut wurde, galt der viktorianische Stil als letzter Schrei der modernen Architektur. Von außen macht das fünfgeschossige Gebäude mit seiner Ziegelfassade eher einen bescheidenen Eindruck. Erst im Innern des bestechenden Atriums mit einem gläsernen Giebeldach offenbart sich der wahre Reiz. Doch nicht nur in der Gesamtkonzeption kommt die viktorianische Pracht zum Ausdruck, sondern auch in vielen Details wie Treppen aus rosafarbenem Marmor, Handläufen aus poliertem Holz und schmiedeeisernen Geländern auf den Galerien (◷ nur das Erdgeschoß ist der Öffentlichkeit zugänglich; So geschl.).

Beim Bradbury Building biegt die Third Street in südöstlicher Richtung vom Broadway ab und führt geradewegs nach **Little Tokyo,** dem demographischen, kulturellen und wirtschaftlichen Zentrum der etwa 200 000köpfigen japanischen Gemeinde von Los Angeles, deren Ursprünge über ein Jahrhundert in die Stadtgeschichte zurückreichen. Im großen und ganzen handelt es sich um ein modernes Stadtviertel, dessen Architektur nur hie und da fernöstliche Elemente erkennen läßt. Eine der wenigen Ausnahmen bildet der von 1925 stammende ehemalige *Nishi Hongwanji Buddhist Temple,* in dem das **Japanese American National Museum** ❸ eingerichtet ist. Der Schwerpunkt der Ausstellungen mit Fotos, Filmen und Artefakten liegt auf der Geschichte der japanischen Einwanderer in den USA. Ein Thema ist auch die amerikanische Internierungspolitik gegenüber den im

Lande lebenden Töchtern und Söhnen Nippons nach dem japanischen Angriff auf Pearl Harbor 1941 (◷ Di–Do, Sa/So 10–17, Fr 11–20 Uhr).

In den Geschäften des Stadtteils werden zwar viele exotische Waren von Gewürzen und Tee bis hin zu bedruckten oder bestickten Textilien angeboten. Ein Großteil der Sortimente besteht aber sichtlich aus Billigprodukten der Souvenirindustrie. Authentischer geht es an manchen Tagen auf der **Japanese Village Plaza** zu, wo das ganze Jahr über viele Feste und Veranstaltungen stattfinden. Zum festen Veranstaltungskalender gehört etwa die *Nisei Week* im August, die mit Paraden,

Stadt auf Rädern

Seit Jahrzehnten besitzt Los Angeles den unumstrittenen Ruf einer Metropole, die sich konsequenter als andere amerikanische Großstädte auf das Automobil als urbanes Verkehrsmittel eingestellt hat. Mit über 5 Mio. Pkws und 700 000 Lkws hat L. A. die größte Ansammlung motorisierter Fahrzeuge im gesamten Westen der USA. Über 80 % der Berufstätigen fahren tagtäglich mit dem Auto zur Arbeit und nur 10,5 % benutzen öffentliche Transportmittel. Verglichen etwa mit New York City, qualifiziert sich Los Angeles tatsächlich als autogerechte Stadt. In New York fahren über 53 % mit U-Bahn oder Bussen in ihre Jobs, während nur 32,5 % das eigene Fahrzeug aus der Garage holen.

Mobilität war das Zauberwort, das die Stadt schon in den zwanziger Jahren in Bann zog, als Amerikas Automobilindustrie auf Hochtouren zu produzieren begann. Zwischen 1920 und 1929 stieg die Zahl der in den USA zugelassenen Autos von 8 auf 18 Mio. Im Jahr 1933 kam ein Auto auf fünf Amerikaner. Nachdem mit dem *Pasadena Freeway* 1940 und dem *Hollywood Freeway*

Seite 45
3

Straßentänzen, Zeremonien und einem vielfältigen Angebot an kulinarischen Spezialitäten begangen wird (First und Second Street zwischen San Pedro Street und Central Avenue).

Auf dem Weg von Little Tokyo zurück zur City Hall lohnt sich mit Kindern ein Abstecher zum **Children's Museum** ㉟, in dem sich an den vielen lehrreichen und doch spielerischen Einrichtungen durchaus auch Erwachsene die Zeit vertreiben können. Ein Hit für Kinder ist die Fernsehstation, die kleine Besucher zum Mitmachen einlädt. (310 N. Main St., in der Los Angeles Mall, ◷ Sa/So 10–17, im Sommer auch Di–Fr 11.30–17 Uhr.)

Little Tokyo

3

Seite
45

1947 die ersten innerstädtischen Autobahnen geschaffen worden waren, läutete 1957 der *Interstate Highway Act* eine neue Ära des Individualverkehrs ein, als der Bund Gelder für transkontinentale Fernstraßen und städtische Schnellverbindungen freigab. 20 Jahre später lag ein Netz von 1130 km Interstates über dem Großraum Los Angeles. In den siebziger Jahren wurden allerdings die finanziellen Mittel immer knapper, während gleichzeitig Gruppen von Ökologen und Umweltschützern gegen den immer weiter um sich greifenden autogerechten Ausbau der Stadt Sturm zu laufen begannen.

Parallel zum rapiden Straßenbau der Nachkriegszeit wurde das innerstädtische Transportsystem immer rascher abgebaut. In der ersten Hälfte des 20. Jhs. hatte Los Angeles noch ein effizientes Straßenbahnsystem mit einer Streckenlänge von 1900 km besessen, mit dem etwa im Jahr 1945 über 1 Mio. Passagiere jährlich verkehrten. 1963 schließlich fiel eine Entscheidung, die jeden europäischen Städteplaner zwangsläufig in die Psychiatrie gebracht hätte: Los Angeles gab seine Nahverkehrssysteme auf. Gut 10 Jahre später zeichnete sich bereits ab, welchen

Geist die Stadtverantwortlichen damit aus der Flasche entlassen hatten.

Chaotische Verkehrsverhältnisse, steigende Luftverschmutzung und zeitraubende Staus jeweils zur Rush-hour ließen die Menschen an der Richtigkeit der Entscheidung zweifeln. Bereits 1974 sprach sich das Wählervolk dafür aus, Anteile der Mineralölsteuer für den Aufbau eines neuen Nahverkehrssystems zu reservieren. Zum Favoriten der Verkehrsstrategen wurden eine U- und eine Straßenbahn, die schließlich auch verwirklicht wurden. Im Juli 1990 fuhr die erste Tram auf der *Blue Line* oberirdisch von der Union Station bis nach Long Beach. Knapp drei Jahre später war auch der erste Streckenabschnitt der U-Bahn zwischen MacArthur Park und Union Station fertig. In jüngster Vergangenheit wurde mit der *Metro Green Line* auch ein 30 km langer Straßenbahnabschnitt entlang dem Century Freeway zwischen Norwalk und El Segundo fertiggestellt. Von einer echten Alternative zum Auto ist das öffentliche Verkehrssystem in Los Angeles aber noch weit entfernt.

Weg 4

4

Seite
37

Auf dem Wilshire Boulevard durch Midtown

MacArthur Park – * La Brea Tar Pits – * George C. Page Museum – ** Los Angeles County Museum of Art

Hat Los Angeles gar kein Stadtzentrum oder hat die Riesenstadt mehrere? Zumindest geographisch könnte man Midtown als Kern des urbanen Konglomerats bezeichnen. Dieser Stadtteil stellt die Verbindung zwischen dem Finanzdistrikt mit seinen gigantischen Wolkenkratzern und Beverly Hills mit seinen luxuriösen Geschäften her. Wichtigste Verkehrsverbindung durch das Herz der Stadt ist der Wilshire Boulevard, der mit zahlreichen Sehenswürdigkeiten als Schaufenster des Großraums Los Angeles dient. Für die Tour durch Midtown benötigt man mit dem Auto einen ganzen Tag. Viel zeitaufwendiger ist die Reise mit öffentlichen Bussen. In Anbetracht der nicht allzu großen Distanzen kann man die Besichtigung auch als kombinierte Fuß- und Taxitour unternehmen. Wer den einzelnen Museen größere Aufmerksamkeit schenken will, sollte einen zusätzlichen halben Tag einkalkulieren, den man schon allein im beeindruckenden Los Angeles County Museum of Art verbringen kann.

Los Angeles besitzt viele wichtige Straßenzüge, die z.T. so klingende Namen tragen wie Sunset Boulevard oder Hollywood Boulevard. Eine ebenso große Bedeutung hat das Wilshire Boulevard, der von Downtown etwa 25 km weit bis an die Pazifikküste reicht.

Erste Station auf dieser Tour durch Midtown, die an der Grenze zu Beverly Hills endet, ist der zu beiden Seiten des Wilshire Boulevard gelegene **MacArthur Park** ㉟. Die sich um einen kleinen See ausbreitende grüne Oase war Ende des 19. Jhs. nicht viel mehr als ein Schlammloch, das der schwerreiche Investor H. Gaylord Wilshire im Zuge des Stadtaufbaus in einen Park verwandeln ließ. Am westlichen Ende erinnert ein kleines Monument an General Douglas MacArthur (1880–1964), im Zweiten Weltkrieg Oberbefehlshaber der US-Streitkräfte im Pazifik und in den fünfziger Jahren Oberkommandierender der UN-Truppen im Koreakrieg. 1942 erhielt die Grünzone den Namen des hohen Militärs. Vom erhöhten Standort des Denkmals reicht der Blick über die Anlage auf die entfernte Skyline von Downtown, die sich v. a. an Spätnachmittagen im letzten Licht des Tages wie ein bernsteinfarbenes Juwel präsentiert. An Sommerwochenenden pilgern viele Latino-Familien mit Picknickkörben hierher, wenn Mariachi-Kapellen oder Folkloregruppen auftreten.

Ein schönes Beispiel des spanischen Kolonial- und Missionsstils, der im südlichen Kalifornien weit verbreitet ist, versteckt sich abseits der großen Durchgangsstraße. Das ziegelgedeckte **Granada Building** ㊲ mit seiner von Bogenfenstern geschmückten Fassade stammt aus dem Jahr 1927 und wurde damals speziell für Maler, Bildhauer und Architekten errichtet, die sich ihrer Arbeit durch ein sympathisches Ambiente inspirieren lassen wollten.

Einer moderneren Architektur huldigen zwei weiter westlich gelegene Bauwerke. Das **I. Magnin Wilshire Building** ㊳ und das * **Wiltern Center** ㊴ gehören zu den sehenswertesten Art-déco-Gebäuden der Stadt. Das erste aus dem Jahr 1928 wurde von John und Donald Parkinson entworfen und diente bis in die neunziger Jahre als Einkaufszentrum, ehe die Geschäfte immer schlechter liefen und es schließlich verriegelt wurde. Das mit grünen Terrakotta-Elementen verzierte Wiltern Center ist drei Jahre jünger und fungiert als Bürogebäude und Bühne des Wiltern Theater.

Kulturelles, soziales und wirtschaftliches Zentrum der koreanischen Bevölkerung von Los Angeles ist **Koreatown** mit etwa 160 000 Einwohnern. Der Stadtteil macht keinen geschlossenen, homogenen Eindruck. Im **Korean Cultural Center** ❹ können sich Gäste ein Bild von der koreanischen Kunst etwa anhand eines im Stil der alten Choson-Dynastie hergerichteten Raumes machen. Mehrere Läden mit fernöstlichen Schriftzeichen als Leuchtreklame konzentrieren sich an der Kreuzung von Western Avenue und Olympic Boulevard, wo die ostasiatische Enklave den fotogensten Eindruck hinterläßt.

Hausnummer 3400 Wilshire Boulevard war in den zwanziger und dreißiger Jahren hauptsächlich durch den *Coconut Grove Nightclub* bekannt, der sich im renommierten **Ambassador Hotel** ❹ befand. In dieser luxuriösen Nobelherberge fiel am 5. Juni 1968 Justizminister Robert Kennedy einem Attentat zum Opfer. Nachdem der demokratische Präsidentschaftskandidat seinen Sieg in den kalifornischen Vorwahlen bekannt gegeben und eine Rede gehalten hatte, wurde er von Sirhan Sirhan im Korridor zur Hotelküche niedergeschossen und so schwer verletzt, daß er einen Tag später starb. Ebenso wie nach dem Mord an seinem Bruder John F. machten sich auch nach dem Anschlag auf Robert Kennedy Gerüchte und Vermutungen über ein Komplott breit, doch konnten dafür bis heute keine stichhaltigen Beweise gefunden werden. Das Hotel, heute im Besitz des New Yorker Baulöwen Donald Trump, ist seit Jahren außer Betrieb.

Neben verschiedenen Nationalitäten haben am Wilshire Boulevard auch berühmte Persönlichkeiten wie der Milliardär J. Paul Getty (1892–1976) ihre Spuren hinterlassen. Im Jahr 1921 ließ die in seinem Besitz befindliche Getty Oil Company ein Fachwerkhaus im englischen Tudor-Stil erbauen, das später der Stadt Los Angeles vermacht wurde und als Dienstsitz des Bürgermeisters diente. Da das reizvolle **Getty**

Blick vom MacArthur Park auf die Skyline von Downtown

4

Seite
37

Miracle Mile

Am Farmers' Market

House ㊷ heute in Privatbesitz ist, kann es nur von außen besichtigt werden (605 S. Irving Blvd., Ecke Sixth St.).

Auf der von langen Palmenreihen gesäumten **Highland Avenue** lohnt sich ein Abstecher sowohl nach Norden wie nach Süden wegen der vielen noblen Eigenheime, die teilweise von Gärten mit exotischer Blütenpracht umgeben sind. Manche Rasenflächen sehen aus, als seien sie vom Hausgärtner mit der Nagelschere gestutzt worden.

Auf Höhe der La Brea Avenue, wo die Kunstgalerien dichter beieinanderliegen als sonstwo im Stadtgebiet, beginnt ein Abschnitt des Wilshire Boulevard, der den Einheimischen unter dem Namen **Miracle Mile** ㊸ bekannt ist und der sich etwa bis zur Fairfax Avenue erstreckt. Die Bezeichnung ist keine neue Erfindung, sondern stammt aus den zwanziger Jahren, als kapitalkräftige Investoren dort ein Einkaufszentrum unter dem zugkräftigen Namen „Wundermeile" aufbauten. Noch heute bilden ältere Art-déco-Gebäude wie die *Security Pacific Bank* (5209 Wilshire Blvd.) oder die *May Company* (6067 Wilshire Blvd.) sowie neuere, teils ziemlich klotzig geratene Komplexe einen lebhaften Geschäftskern.

Im äußersten Südwesten des ausgedehnten **Hancock Park** ㊹ zeigt sich das Stadtgebiet von Los Angeles von einer sehr bizarren Seite. Nur wenige Schritte neben dem verkehrsreichen Wilshire Boulevard dringt an mehreren Stellen flüssiger Teer an die Erdoberfläche und bildet einen schwarzen Teich, in dem Gase blubbernd nach oben steigen.

In diesen mysteriösen ***La Brea Tar Pits** errichteten Künstler drei lebensgroße Mastodonskulpturen, die veranschaulichen, wie vor knapp 40 000 Jahren heute längst ausgestorbene Tiere wie Mammut, Säbelzahntiger und Ur-Bison von diesen Sümpfen verschlungen wurden. Dabei konservierte der Teer ihre Knochen, die in diesem Jahrhundert von Wissenschaftlern zutage gefördert wurden. Mehrere Millionen Knochenstücke von fast 400 unterschiedlichen Urtieren wurden zusammengesetzt und sind heute im benachbarten ***George C. Page Museum** ausgestellt, in dem man Fachleute hinter Glasfenstern beobachten kann, wie sie Teile vom Teer reinigen und zu Gesamtskeletten zusammenbauen (5801 Wilshire Blvd.; ○ tgl. außer Mo 10 bis 17 Uhr).

Gleich nebenan, im ****Los Angeles County Museum of Art** ㊺, kommen Kunstliebhaber auf ihre Kosten. Die Ausstellungstücke dieses 1986 eröffneten Museums verteilen sich auf fünf Gebäude, die sich um den *Times-Mirror Central Court* gruppieren. Jüngste Errungenschaft ist der *japanische Pavillon* mit einer phantastischen Sammlung fernöstlicher Skulpturen und mehrerer hundert Rollbilder. Im *Hammer Building* werden neben Zeichnungen und Fotografien wechselnde Leih- und Wanderausstellungen gezeigt.

Während im *Anderson Building* die Malerei und Bildhauerei des 20. Jhs. mit Werken von Matisse, Magritte und zahlreichen Dadaisten zu sehen ist, wird im *Ahmanson Building* internationale Kunst aus vorchristlicher bis heutiger Zeit ausgestellt: von Gegenständen aus Gold und Silber über Kostüme, Töpferwaren und Mosaiken bis hin zu weltberühmten Gemälden etwa von Veronese, El Greco, Cézanne oder Gauguin. Die hier gezeigten Sammlungen indischer und südostasiatischer Kunst gelten als die umfangreichsten in der westlichen Hemisphäre.

Zum Museumsgelände gehören zwei schöne Skulpturengärten an der Flanke des Anderson Building am Wilshire Boulevard. Im östlichen Teil sind Werke zeitgenössischer Künstler etwa von Alexander Calder und Henry Moore ausgestellt, während auf der westlichen Seite die Bronzeplastiken von Auguste Rodin überwiegen (○ Di–Do 10–17, Fr 10–21, Sa/So 11–18 Uhr).

Für eine so autogerechte Großstadt wie Los Angeles ist es eigentlich verwun-

4

Seite **36**

derlich, daß das **Peterson Automotive Museum** ❼ keinen größeren Bekanntheitsgrad besitzt. An der mangelnden Attraktivität der chrom- und lackglänzenden Prachtstücke aus der Geschichte des Automobilzeitalters liegt es jedenfalls nicht. Auf vier Etagen verteilen sich über 200 vierrädrige Stars aus sämtlichen Auto-Epochen des 20. Jhs. Los Angeles wäre nicht die Hochburg des Leinwandkults, befänden sich unter den Oldtimern nicht zahlreiche, die sich einst in den Händen von Berühmtheiten wie etwa Elvis Presley oder Joan Crawford befanden (🕙 tgl. 10–18 Uhr, Mo nur feiertags).

In der westlichen Nachbarschaft des Automobilmuseums beginnt eine Wohngegend mit einem der höchsten jüdischen Bevölkerungsanteile im amerikanischen Westen. In diesem Viertel erinnert das **Martyrs Memorial Museum of the Holocaust** ❽, das im *Jewish Community Building* eingerichtet wurde, mit einer Vielzahl von Dokumenten an die Judenverfolgung im Dritten Reich sowie an die 6 Mio. Menschen, die unter der Naziherrschaft in den Konzentrationslagern ihr Leben lassen mußten. Zum Museum gehört eine Bibliothek mit einschlägiger Literatur (🕙 Mo–Do 9–17, Fr 9–15, So 13 bis 17 Uhr).

Auf Höhe des verkehrsreichen La Cienega Boulevard endet Midtown und beginnt Beverly Hills.

Lebensgroße Mastodonskulpturen in den La Brea Tar Pits

4

Seite 36

Besonders angenehm zum Lunch: der Farmers' Market

Mittagspause auf dem Farmers' Market

Vermutlich gibt es nicht viele Attraktionen in Los Angeles, die sich so der ungeteilten Gunst von Einheimischen und Touristen gleichermaßen erfreuen wie der **Farmers' Market** ❾. In den dreißiger Jahren als bäuerliches Vermarktungszentrum eingerichtet, gilt dieser Markt mit seinen etwa 160 Verkaufsständen längst als städtische Institution. Seit der Gründung beinahe populärer geworden als die Obst- und Gemüsehändler sind die Köche, die an kleinen Imbißständen sowohl lateinamerikanische als auch asiatische Gerichte zubereiten. Davor sitzen die Gäste im Schatten und verzehren genüßlich ihren Lunch. Fast könnte man meinen, mitteleuropäische Gartenwirtschaftskultur habe auf Midtown Los Angeles abgefärbt (🕙 Mo–Sa 9–19, So 10–18 Uhr, im Winter frühere Schließzeiten).

Weg 5

Beverly Hills: Flanieren auf teurem Pflaster

★★ Rodeo Drive – ★ Beverly Hills Hotel – ★★ Museum of Tolerance

Liegt es an den besonderen Beziehungen der örtlichen Geschäftswelt zum Police Department, am hygienischen Flair der Straßenzüge oder an der geringen Spendierfreudigkeit der Einwohner von Beverly Hills? Es fällt jedenfalls auf, daß in den geleckten Straßenzügen weder Obdachlose noch Penner unterwegs sind, die wie in anderen Stadtteilen von Los Angeles Passanten um einen Quarter oder einen Dollar angehen. Beverly Hills präsentiert sich gerne als makelloses Produkt des „American Dream", als Zitadelle der Reichen und Erfolgreichen, der Sieger und Privilegierten. Für die Schwachstellen menschlicher Existenz ist dort keine Nische frei. Schließlich wird es räumlich schon für den Zweit- und Drittwagen eng. An einem halben Tag kann der Besucher die Attraktionen auf dieser Tour zum Teil sogar zu Fuß kennenlernen.

Beverly Hills ist im Grunde genommen kein Teil des Ballungsraumes Los Angeles, sondern ein sündhaft teurer Markenartikel für den anspruchsvollen Geschmack. So jedenfalls sehen es jene Geschäftsleute, die am weltberühmten Rodeo Drive Boutiquen mit exklusiven Warenangeboten betreiben oder entrückte Penthouse-Wohnungen hoch über der Straßenebene bewohnen.

Die Gemeinde mit dem weltbekannten Namen ist auch administrativ kein Stadtteil von Los Angeles, sondern eine selbständige Stadt mit eigener Verwaltung, die allerdings auf allen Seiten vom Großraum eingekesselt ist. Ihre Besonderheit resultiert nicht nur daraus, daß unter ihren heute 32 000 Einwohnern viele Größen aus Film und Showbusineß sind, die sich im westlichen Stadtgebiet ein luxuriöses Leben leisten können, von dem der „normale" Amerikaner nur träumt. In Beverly Hills scheint der amerikanische Traum Wirklichkeit geworden zu sein. Die noblen Privathäuser liegen in sorgsam gepflegten Gärten, in denen offenbar weder Pflanzenschädlinge noch Unkraut eine Überlebenschance haben. Die Straßen sind von so ebenmäßig gewachsenen Palmen gesäumt, daß man sie fast für Plastikprodukte vom Fließband halten könnte. Die Verbrechensrate liegt meilenweit unter derjenigen des restlichen Los Angeles. Handwerks- und Industriebetriebe, die Krach und Dreck verursachen, existieren genausowenig wie schmuddlige Hinterhöfe oder von Mülleimern umlagerte Hauseingänge.

Im Jahr 1906 tauchte im Stadtgebiet von Beverly Hills ein Grundstücksmakler aus dem Bundesstaat Massachusetts in Neuengland auf, der die dortige Gesellschaft *Beverly Farms* vertrat, von der sich der heutige Name ableitete. Nur zögernd begann die infrastrukturelle Erschließung, die hauptsächlich vorangetrieben wurde, nachdem im Jahre 1912 mit dem Beverly Hills Hotel eine luxuriöse und für viele Reiche attraktive Nobelherberge entstanden war. 1920 hatte die junge Kommune immerhin schon 674 Einwohner.

Als die Filmindustrie in den nachfolgenden Jahren immer weiter wuchs, die Produktionen immer aufwendiger wurden und die am Kinohimmel aufsteigenden Stars immer höhere Gagen verlangen konnten, begannen die ersten von ihnen von Hollywood nach Beverly Hills umzuziehen. Die eher ländlich geprägten Straßen waren hier von Palmen gesäumt, und das hügelige Terrain bot beste Gelegenheiten, Villen und Residenzen durch geeignete Standorte am Fuße der reizvollen Santa Monica Mountains wirkungsvoll ins

5

Seite
63

Szene zu setzen. Auf dem Stadtplan von Los Angeles tauchte Beverly Hills erst in den zwanziger Jahren auf, als der urbane Ballungsraum von einem gewaltigen Bauboom mitgerissen wurde und innerhalb von einem Jahrzehnt eine Bevölkerungsexplosion von einer auf über 2 Mio. Menschen erlebte.

Zu den ersten bekannten Persönlichkeiten, die sich in Beverly Hills niederließen, gehörte das Traumpaar der Stummfilmzeit, Mary Pickford und Douglas Fairbanks. Das unter dem Spitznamen „King and Queen of Hollywood" bekannte Duo bezog eine noble Lodge am Summit Drive, die schon bald als *Villa Pickfair* Treffpunkt einer illustren Gesellschaft von Prominenten wie etwa George Bernard Shaw, Albert Einstein und US-Präsident Calvin Coolidge wurde, von den engsten Familienfreunden Charlie Chaplin, Greta Garbo und Rudolph Valentino einmal ganz abgesehen.

Heute ist vom Original dieser berühmten Residenz kaum mehr übrig als die Erinnerung. Aber gerade darauf baut Beverly Hills. Denn noch heute gehen die Namen von Berühmtheiten um, die einmal die Stadt ihren Wohnsitz nannten, von Igor Strawinsky über Lion Feuchtwanger, Sergej Rachmaninow, William Wyler, Fritz Lang und Marlene Dietrich bis zu George Gershwin.

Um diese Namen ranken sich längst Geschichten und Legenden, die allesamt an der Schaffung des Mythos Beverly Hills beteiligt waren. Eine Hauptrolle dabei spielten natürlich die Medien, für die diese Enklave ein gefundenes Fressen war und ist. Wo sonst gilt Arbeitslosigkeit als Fremdwort? Wo sonst scheint die Bürgerschaft kollektiv mit dem sprichwörtlichen goldenen Löffel im Mund auf die Welt gekommen zu sein?

Gewissermaßen das Herzstück von Beverly Hills und das geographische Zentrum zugleich bildet eine der teuersten und vornehmsten Luxusherbergen der Stadt, das renommierte ***Regent**

BEVERLY HILLS CAB

Das Auge des Gesetzes wacht über die Enklave der Reichen

㊾ Regent Beverly Wilshire Hotel
㊿ Department Store Rowe
(51) Two Rodeo Drive
(52) Anderton Court
(53) Artists and Writers Building
(54) Beverly Hills Hotel
(55) Virginia Robinson Gardens
(56) Church of the Good Shepherd
(57) Witch's House
(58) ABC Entertainment Center
(59) Museum of Tolerance

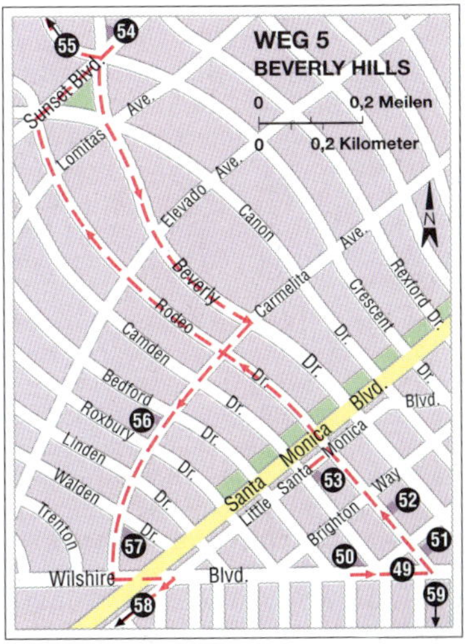
WEG 5
BEVERLY HILLS
0
0,2 Meilen
0
0,2 Kilometer
N
Sunset Blvd.
Lomitas
Ave.
Elevado
Ave.
Canon
Beverly
Rodeo
Camden
Bedford
Roxbury
Linden
Walden
Trenton
Carmelita
Ave.
Crescent
Rexford Dr.
Dr.
Santa Monica Blvd.
Little Santa Monica
Brighton
Way
Blvd.
Wilshire
Blvd.
55
54
56
57
58
53
52
51
50
49
59

5
Seite 63

Beverly Wilshire Hotel ㊾ (s. S. 26) aus dem Jahr 1928. Hier liest sich die Gästeliste wie ein Who's Who der Großen, Bedeutenden und vor allem Gutbetuchten dieser Welt. Säulen und dekorative Bauelemente schmücken die Fassaden, die an den Stil der italienischen Renaissance erinnern sollen. Hinter dem Haupttrakt befanden sich früher zahlreiche Hotelbungalows für besonders ehrenwerte Gäste, darunter Erich Maria Remarque, der 1939 in die USA kam, und der Kriminalschriftsteller Dashiell Hammett. Vor einigen Jahren wurde das elegante Hotel mit einem Kostenaufwand von 100 Mio. Dollar renoviert. Kein Wunder, daß schon in der Lobby der architektonische Pomp mit spiegelndem Marmor über den Gast hereinbricht, ein Eindruck, der sich in den 300 Gästezimmern und Suiten fortsetzt.

5

Seite 63

Nur einen Straßenblock vom Hotel entfernt liegt am Wilshire Boulevard mit der **Department Store Rowe** ㊿ eine Ansammlung von Filialen landesweit verbreiteter Kaufhäuser wie Neiman Marcus, I. Magnin und Saks Fifth Avenue, die hauptsächlich Mode im Angebot haben, im Unterschied zu anderen Stellen in Beverly Hills aber zu etwas günstigeren Preisen.

In der Nachbarschaft des Regent Beverly Wilshire Hotel beginnt mit dem ****Rodeo Drive** die wohl bekannteste Einkaufsstraße der Stadt mit den Niederlassungen von weltbekannten Modehäusern und Designern wie Cartier, Dior oder Valentino. Quasi hinter diesen Edelboutiquen verläuft mit **Two Rodeo Drive** (51) eine schmale, gepflasterte Gasse, die nach einem kurzen Bogen über eine Treppe auf den Wilshire Boulevard zurückführt. Nirgendwo in Los Angeles sind die Fassaden mit ihren schmiedeeisernen Balkonbrüstungen, Säulen aus schneeweißem Carrara-Marmor und von steinernen Baldachinen überwölbten Hauseingängen so vornehm wie hier. Selbst die Blumenkübel kommen hier nicht ohne Verzierungen mit Blattgirlanden aus.

Auf dem Rodeo Drive, der vom Regent Beverly Wilshire Hotel geradewegs zum Santa Monica Boulevard führt, reiht sich an Juwelieren und Designerstudios, Modeboutiquen und Accessoiregeschäften alles aneinander, was berühmt und teuer ist. Christian Dior, Valentino, Cole Haan, Chanel, Battaglia, Hermès, Cartier, Bijan, Giorgio Armani, Yves St.-Laurent, Sonia Rykiel, Gianni Versace, Ralph Lauren und Gucci sind nur einige der Namen, die Beverly Hills zum exklusivsten Shopping-Paradies des amerikanischen Westens gemacht haben.

Zwischen den Edelgeschäften liegen neben einer Filiale des berühmten Auktionshauses Sotheby's auch einige v. a. italienische Restaurants, in denen das Risotto mit Artischockenherzen oder

Verschnaufpause im „römischen Viertel"

Am Treppenaufgang vom Wilshire Boulevard zum Two Rodeo Drive liegt mit **Piazza Rodeo** ein hübsches Lokal im Stil eines Pariser Straßenrestaurants, das sich für einen kleinen Besichtigungsstopp eignet, bei dem man nicht auf das *people watching* verzichten muß. Trotz der Nobellage an der hübschen Gasse, die wegen ihres italienischen Flairs auch gerne Via Rodeo genannt wird, sind die verschiedenen Pasta-Varianten oder die Sandwiches erschwinglich. Selbst so profane Gerichte wie Hamburger kommen auf den Tisch. Wer sich in der Tür irrt und im benachbarten **Ginza Sushiko,** einer japanischen Sushi-Bar, einkehrt, darf sich nicht wundern, wenn sich die Rechnung nach einem Lunch auf einen dreistelligen Dollarbetrag beläuft. Was den Gast in diesem Falle vielleicht tröstlich stimmt, ist die Tatsache, daß die japanischen Spezialitäten von ausnehmender Qualität sind.

die dampfende Pizza aus dem holzbefeuerten Ofen allerdings tiefere Reisebudget-Einschnitte nach sich ziehen.

Anderton Court 🗨 gehört zu den letzten, aus den fünfziger Jahren stammenden Arbeiten des legendären Architekten Frank Lloyd Wright, der in Los Angeles für über ein halbes Dutzend Bauten verantwortlich zeichnete. Der dreigeschossige Einkaufskomplex gilt unter Architekturkennern jedoch als eines der weniger bedeutenden Werke des großen Baumeisters.

Eingang zur exklusiven Einkaufsgasse Two Rodeo Drive

Nicht zum Kreis der elitären Konsumtempel gehört das **Artists and Writers Building** 🗨, in dem schon der Schriftsteller Ernest Hemingway und der Regisseur Billy Wilder ihre Büros hatten. In jüngerer Vergangenheit unterhielten auch Schauspieler wie etwa Jack Nicholson und Autoren wie Ray Bradbury, der Verfasser des Romans „Fahrenheit 451", in diesem spanisch inspirierten Gebäude ihre offiziellen Geschäftsadressen.

Nordwestlich des breiten Santa Monica Boulevard verläuft der Rodeo Drive durch die geschniegelten Wohnviertel von Beverly Hills, die sich bis zum Sunset Boulevard ausdehnen. In dieser Gegend wohnten in den dreißiger und vierziger Jahren zahlreiche europäische Emigranten, unter ihnen Alma Mahler und Franz Werfel, der Dirigent Bruno Walter, die Leinwandstars Marlene Dietrich, Albert Bassermann, Peter Lorre und Conrad Veidt sowie der Schriftsteller Bruno Frank.

Am Rodeo Drive findet man die Niederlassungen von berühmten Modehäusern und Designern

Schon zu ihrer Zeit war das **＊Beverly Hills Hotel** 🗨 ein unter Berühmtheiten beliebter Treffpunkt. Um Beverly Hills aus seiner wirtschaftlichen Talsohle herauszuführen und Interessenten für Grundstücke anzulocken, ließen Investoren im Jahr 1912 dieses auch *Pink Palace* genannte Nobelhotel errichten. Über ein halbes Jahrhundert später machten die *Eagles* die legendäre

Im Regent Beverly Wilshire Hotel

Seite 63

Adresse durch den Kultsong „The Hotel California" endgültig zum Denkmal.

Die Histörchen, die sich um das Traditionshotel ranken, füllen Bände. Inwieweit sie der Wahrheit entsprechen, ist nebensächlich. So sollen sich in der berühmten *Polo Lounge* Frank Sinatra und Dean Martin mit anderen Hotelgästen eine handfeste Schlägerei geliefert haben. Noch bevor Clark Gable seine Scheidung durchgesetzt hatte, teilte er sich den Bungalow Nr. 4 mit Carole Lombard, seiner späteren Herzdame. Der verschrobene Milliardär Howard Hughes bewohnte mehrere Suiten und Bungalows und hielt sich aus Angst vor Vergiftung einen Vorkoster. Charlie Chaplin, Marilyn Monroe und Katharine Hepburn zählten zu den häufig gesehenen Gästen. Im Jahr 1969 zog ein Pärchen mit unbekanntem Namen in einen der sündhaft teuren Bungalows. Erst an den überall plazierten Sicherheitsbeamten wurde deutlich, daß es sich um Prominente handeln mußte, die sich schließlich als John Lennon und Yoko Ono entpuppten. Das Beverly Hills Hotel verlor in den siebziger und achziger Jahren zum Teil seine Reputation und seinen Glanz. 1987 kaufte der Sultan von Brunei den gesamten Komplex, der nach einer 100 Mio. Dollar teuren Renovierung heute wieder im ursprünglichen Pink erstrahlt.

In der Hügellandschaft hinter dem Beverly Hills Hotel dehnen sich die zweieinhalb Hektar großen **Virginia Robinson Gardens** ⑤⑤ aus, in denen die älteste private Villa der Stadt steht. Harry und Virginia Robinson, Erben eines Kaufhausimperiums, kauften das unerschlossene Gelände 1911 auf und ließen dort eine noble Residenz im mediterranen Stil errichten, nachdem sie diese Architektur auf ihrer Hochzeitsreise in Südeuropa kennengelernt hatten. Um das Anwesen breiten sich gepflegte Parkanlagen mit einem Hain aus Königspalmen, mit Azaleen und über 50 unterschiedlichen Kamelienarten aus. Im Jahr 1982 ging der Besitz an das Los Angeles County über und

steht seither der Öffentlichkeit zur Verfügung. Wer diese liebliche Oase besichtigen will, muß sich jedoch eine Woche im voraus telefonisch anmelden (1008 Elden Way, ☎ 310/276-5367; ⏰ Di–Fr 10–11.30 und 13–14.30 Uhr).

Nach dem Abstecher in den nördlichen Teil der Stadt kehrt man über den Camden Drive oder den Bedford Drive ins Zentrum zurück, wo mit der **Church of the Good Shepherd** ⑤⑥ die älteste Kirche von Beverly Hills aus dem Jahr 1924 steht. Ihre Berühmtheit gründet sich aber weder auf ihr Alter noch auf ihre Architektur, sondern auf die lange Reihe von Prominenten, die sie auf die eine oder andere Art in Anspruch nahmen. Elizabeth Taylor trat dort im Jahr 1950 zum ersten Mal vor den Traualtar. Für Alfred Hitchcock, Gary Cooper und Jimmy Durante fanden in dieser Kirche die Trauergottesdienste statt.

Gut zwei Straßenblocks von dem Gotteshaus entfernt steht ein Anwesen, das selbst im baulich unkonventionellen Beverly Hills getrost als etwa Besonderes bezeichnet werden darf. Im **Witch's House** ⑤⑦ aus den zwanziger Jahren saß ursprünglich die Verwaltung einer Filmgesellschaft.

Im Jahre 1930 zog das Hexenhaus mit seinen extrem steilen Satteldächern, das heute auch unter dem Namen *Spadena House* bekannt ist, von seinem ursprünglichen Platz in Culver City an den heutigen Standort um und dient seitdem als privater, märchenhaft anmutender Wohnsitz, den man nur von außen in Augenschein nehmen kann. Wer je das Glück hatte, das Hänselund-Gretel-Anwesen in einer vollmondhellen Nacht zu Gesicht zu bekommen, wird jede Gruselfilmkulisse für billigen Abklatsch halten.

In südwestlicher Richtung führt der Santa Monica Boulevard in die Nachbargemeinde Century City, wo die Mitte der siebziger Jahre auf dreieckigen Grundrissen errichteten Century Plaza Towers schon von weitem das **ABC Entertainment Center** ⑤⑧ ankündigen.

5

Seite
63

Der gesamte Komplex entstand nach Plänen des japanischen Architekten Minoru Yamasaki, der in New York das World Trade Center entwarf. Zum Zentrum gehören eine Shopping Mall mit Läden und Restaurants, mehrere Imbißstände, ein Hotel und das renommierte *Shubert Theatre,* in dem häufig Broadway-Shows gezeigt werden. Wer sich für brandneue Filme interessiert, ist in den *Cineplex Odeon Century Plaza Theaters* an der richtigen Adresse (Ave. of the Stars/Constellation Blvd.).

Teil der städtischen Kulturszene sind neben Bühnen- und Lichtspieltheatern natürlich auch die Museen, unter denen das erst in jüngster Vergangenheit entstandene ****Museum of Tolerance** ❺❾ ein Glanzlicht auf die Szene wirft. Thema der Ausstellungen sind Rassismus und Vorurteile. Auf Plakatwänden, Postern, Monitoren und Leinwänden geht es auf beklemmende Weise um die

Unterdrückung und Vernichtung von Menschen, wobei die Spanne der nachgezeichneten meist geschichtlichen Ereignisse von der unmenschlichen US-Indianerpolitik über den Holocaust bis in die amerikanische Gegenwart reicht. So geht das Museum etwa auf die Unruhen des Jahres 1992 in Los Angeles ein und demonstriert damit den Willen, nicht nur dunkle Kapitel der Vergangenheit schlaglichtartig zu beleuchten, sondern auch brennende Gegenwartsprobleme zu thematisieren.

Nobelkarosse am Rodeo Drive

Im *Tower of Witness* sind über 2000 Fotos von Häftlingen aus Konzentrationslagern des Dritten Reiches zu sehen. Ein Schockerlebnis ist auch der originale Nachbau einer KZ-Gaskammer. Die Museumsstrategie stürzt Besucher gezielt in einen Strudel von visuellen Informationen, die ihre nachhaltige Wirkung wohl nur in den seltensten Fällen verfehlen (9786 W. Pico Blvd.; ◷ Mo–Do 10–16, Fr 10–13, So 10.30 bis 17 Uhr).

Eines von vielen extravaganten Wohnhäusern in Beverly Hills

Weg 6

Santa Monica und Malibu

*Santa Monica Municipal Pier –
**Museum of Flying – **J. Paul
Getty Museum

**Die sanft geschwungene Bucht von
Santa Monica ist ein Stückchen Süd-
kalifornien wie aus dem Bilderbuch.
Hinter dem flachen Sandstrand steigt
die von der Brandung abgegrabene
Küste steil zum Pacific Coast Highway
an. Über die Dächer der Stadt fällt
der Blick auf die blauen Santa-
Monica-Berge, die im entfernten
Dunst mit dem Himmel zu verschmel-
zen scheinen. Nördlich und südlich der
großen Pier herrscht im Sommer
Hochbetrieb, doch hat sich das
Strandleben nachhaltig verändert, seit
der berühmte Krimiautor Raymond
Chandler der Szenerie in seinem
Roman „Fahr zur Hölle, Liebling" ein
literarisches Denkmal setzte. Santa
Monica und die Küste bis nach Malibu
vertragen gut und gerne einen ganzen
Tag Urlaub, der sich am Strand belie-
big verlängern läßt.**

Wenn Los Angeles im Hochsommer in
der schwülen, unbeweglichen Hitze
wie in einem Dampfkochtopf schmort,
kann es vorkommen, daß der Santa
Monica Freeway für Stunden zum
längsten Parkplatz Kaliforniens wird.
An solchen Tagen ist ganz Downtown
auf der Flucht und versucht, sich vor
dem erbarmungslosen Klima durch einen Ausflug an die luftige Pazifikküste
in Sicherheit zu bringen. Doch nicht
erst in jüngster Zeit gilt der Meeresab-
schnitt um Santa Monica als sommerli-
ches Traumziel der Großstadtbevölke-
rung. Schon im ausgehenden 19. Jh.
pilgerten die Menschen per Pferdekut-
sche ans Meer, als diese Reise immerhin noch einen halben Tag in Anspruch

nahm – also solange wie heute, wenn
man mitten im Verkehrsstau steckt.

Santa Monica begann seine Existenz in
den siebziger Jahren des 19. Jhs. als
Badeort, an dessen Promenade vorneh-
me Hotels und Ladengeschäfte entstanden. Zum Wachstum der Stadt trug
auch die 1895 fertiggestellte elektrische Straßenbahn bei, die die Küste mit
Downtown Los Angeles verband. In
den dreißiger Jahren fügten die in
Sichtweite vor dem Strand liegenden
Kasinoschiffe, auf denen die Roulette-
kugeln kreisten und die Black-Jack-
Karten gemischt wurden, dem ruhigen
Badeleben eine Prise Verruchtheit hinzu.

Damals bekam der Küstenabschnitt den
Namen *Gold Coast,* weniger wegen des
goldgelben Sandes an den Stränden als
vielmehr wegen der zahlreichen ele-
ganten Strandhäuser, die sich Filmstars
und Industriebosse bauen ließen.
Schon 1887 hatte sich die Bevölkerung
gegen eine administrative Anbindung
an Los Angeles entschieden. So blieb
die Kommune bis heute eine selbständige Stadt mit inzwischen 87 000 Einwohnern.

Wenn es in Santa Monica noch Relikte
gibt, die an die alten Zeiten des Bade-
ortes in den zwanziger und dreißiger
Jahren erinnern, so vor allem die am
Beginn der Colorado Avenue liegende
hölzerne *Santa Monica Municipal
Pier* ⑩, die ungefähr 300 m ins Wasser
hineinragt. Das ganze Jahr über ebbt
das Interesse an diesem populären Treff
und seiner Umgebung nicht ab. Mit
zahlreichen Geschäften, Restaurants,
Imbißbuden und einem historischen
Karussell mit in Deutschland ge-
schnitzten Holzpferden ist die Pier
auch für Einheimische ein beliebtes
Flanierziel, wo man den Anglern beim
Fischen und den Surfern beim Wellenreiten zuschauen kann oder sich auch
nur bei einer Tüte Popcorn die Beine
vertritt.

Der Bau der groben Holzkonstruktion
begann 1909 und dauerte bis 1921,

wobei ursprünglich zwei parallel verlaufende Piers errichtet wurden. 1973 stellten die Stadtväter ernsthafte Überlegungen an, den aus Dielen und Pfeilern bestehenden Bau abzureißen. Zehn Jahre später wären sie auf diese Idee gar nicht mehr gekommen, weil den Abriß 1983 ein schwerer Sturm besorgte. Bis dahin war die Pier der Bevölkerung jedoch so ans Herz gewachsen, daß sich Bürgerinitiativen für einen Neubau einsetzten und auch die Stadtverwaltung zusammen mit einer Gruppe von Investoren die Möglichkeit sah, einer Neukonstruktion durch entsprechende Einrichtungen wie Restaurants und Cafés neues Leben einzuhauchen.

Die Third Street Promenade in Santa Monica

Jüngste Zugnummer auf der Santa Monica Pier ist mit dem **Pacific Park** ein Rummelplatz mit einer 17 m hohen Achterbahn und einem Riesenrad, von dessen Scheitelpunkt der ganze Küstenabschnitt samt den dahinterliegenden Bergketten ins Blickfeld rückt. Um dem Vergnügungspark Platz zu schaffen, mußte die Pier eigens verbreitert und auf ein neues Fundament gestellt werden.

6

Seite 72

Das Stadtzentrum von Santa Monica liegt größtenteils nördlich der Colorado Avenue, die zur Pier führt. Nächste Parallelstraße ist der Broadway mit zahlreichen guten Restaurants, doch konzentriert sich das Straßenleben hauptsächlich auf die drei Häuserblocks lange **Third Street Promenade** ❸, die Ende der achtziger Jahre als Fußgängerzone angelegt wurde. Der Aufwand lohnte sich. Inzwischen ist die Promenade als öffentlicher Laufsteg der Eitelkeiten längst zur Konkurrenz der Pier geworden. Eine Reihe renommierter Architekten arbeitete an der Gestaltung der Hausfassaden in unterschiedlichen Stilrichtungen mit, so daß sich der verkehrsberuhigte Straßenabschnitt heute als genau das darstellt, was er in den Augen der Pla-

In Malibu werden die Häuser z. T. ganz dicht ans Wasser gebaut

ner sein sollte – eine sympathische Flanier- und Einkaufsmeile. Erst nach Einbruch der Dunkelheit kommt der Betrieb richtig auf Touren, wenn zahlreiche Kinos, Spezialitätenrestaurants und Bars geöffnet haben. Neben Nachtschwärmern kommen auch Bücherwürmer auf ihre Kosten, da es auf der Third Street mehrere ausgezeichnete Buchläden mit quantitativ und qualitativ attraktivem Angebot gibt. Seit geraumer Zeit belebt den Stadtteil ein Bauernmarkt, auf dem die Farmer aus dem Umland ihre frischen Produkte verkaufen (Mi und Sa).

Südlich des Stadtzentrums bildet die Ende der achtziger Jahre von Frank Gehry gestaltete *Edgemar Plaza* einen Komplex, in dem sich Kunst und Kommerz ergänzen. Um einen offenen Platz gruppieren sich zweigeschossige Gebäudetrakte, in denen neben Läden, Cafés und Galerien das **Santa Monica Museum of Art** ㉜ untergebracht ist. Die häufig wechselnden Ausstellungen präsentieren meist Gemälde und Multimedia-Kreationen von Künstlern, die sich erst noch einen Namen machen müssen (2435 Main St.).

Zu den Ikonen der Luftfahrt gehört im bekanntesten Museum der Stadt, dem **Museum of Flying** ㉝ am Municipal Airport, ein 1924 erbautes Flugzeug namens *New Orleans,* das als erstes in mehreren Etappen den Erdball umrundete. Das gesamte Museum ist gewissermaßen eine Hommage an den Gründer der Flugzeugfirma *Douglas Aircraft Company,* Donald Douglas, der an dieser Stelle mit der Produktion von Flugzeugen begann. Zu den fast 50 Ausstellungsstücken gehören neben zivilen Flugzeugen auch Militärmaschinen wie beispielsweise die legendäre *Spitfire,* die im Zweiten Weltkrieg eingesetzt wurden. In einem Kino werden ständig wechselnde Filme über wichtige historische Ereignisse in der Geschichte der Luftfahrt oder über neuere technische Entwicklungen gezeigt (2772 Donald Douglas Loop N.; ◷ Di–So 10–17 Uhr, Mo geschl.).

Der Flugzeugbauer Donald Douglas war nicht der einzige Industrielle, der sich an der Goldküste niederließ. Ein anderer Unternehmer, dessen Spuren am Pazifiksaum sichtbar sind, war der Ölmilliardär J. Paul Getty. In Malibu, der nordwestlichen Nachbargemeinde von Santa Monica, ließ er zwischen 1968 und 1974 unweit der Küste einen Gebäudekomplex im Stil einer antiken römischen Villa errichten, der 1974 als **J. Paul Getty Museum** seine Tore öffnete. Seit Gettys Tod 1976 werden die zum Teil seit den dreißiger Jahren von ihm selbst gesammelten Kunstschätze von einem Trust verwaltet, der offenkundig über einen großen finanziellen Spielraum verfügt, um ständig neue Kunstwerke anzukaufen. (17985 Pacific Coast Hwy.; bis 2001 wegen Renovierung geschlossen.)

Das dicke Finanzpolster der Getty Foundation machte den Museumsneubau in Brentwood am Fuße der Santa Monica Mountains möglich. Ende 1997 wurde das vom Architekten Richard Meier entworfene **Getty Center** ㉞ eröffnet. Vom Parkplatz werden Besucher per Elektrobahn auf einen Hügel zur zentralen Plaza gebracht, um sich die fünf Pavillons des Kunstmuseums, Restaurationsbetriebe, eine wissenschaftliche Bibliothek sowie ein Buchladen gruppieren.

Vorübergehend nimmt das Getty Center alle Sammlungen des J. Paul Getty Museums auf. Die Bestände des Getty-Trusts gehören in Kalifornien zu den erlesensten Kunstschätzen überhaupt: u. a. antike Skulpturen, französische Wandteppiche, Gemälde berühmter europäischer Meister aus der Zeit seit dem 17. Jh. wie Veronese, Rembrandt oder van Gogh, kostbare Entwürfe, Dokumente und Fotografien sowie unschätzbar wertvollen Schmuck und erlesene Töpfereien. (1200 Getty Center Dr.; ◷ Di/Mi 11–19, Do/Fr 11–21, Sa/So 10–19 Uhr, Mo/Fei geschl.; Einlaß nur nach Parkplatzreservierung unter ☎ 310/440-7300; städtische MTA-Busse halten vor dem Haupteingang.)

Die Küstenstadt **Malibu** zieht sich von Santa Monica bzw. von Pacific Palisades ca. 40 km weit die Pazifikküste entlang nach Nordwesten. Von der Durchgangsstraße steigt das Gelände steil in die Berge an, während auf der gegenüberliegenden Straßenseite die langgezogenen, malerischen Sandstrände z. T. bis an die Fahrbahn reichen.

So turbulent es im Sommer an manchen dieser idyllischen Fleckchen auch zugeht, so unzugänglich bleiben die Ausläufer der zerklüfteten Santa Monica Mountains, in deren Abgeschiedenheit berühmte Persönlichkeiten wie Robert Redford, Dustin Hoffman, Jack Lemmon, Shirley MacLaine und Bob Dylan ihre Residenzen verstecken. Die schönsten Bade- und Surfstrände befinden sich in der Nachbarschaft der Pier von Malibu, die in der Vergangenheit schon mehrfach nach Sturmschäden gesperrt werden mußte.

Im prächtigen Skulpturengarten des J. Paul Getty Museum

Emigrantenschicksale

In den dreißiger und vierziger Jahren bildete sich im nordwestlich an Santa Monica angrenzenden Pacific Palisades eine kleine Gemeinde deutschsprachiger Emigranten, die vor der Naziherrschaft aus Deutschland geflohen waren, unter ihnen so prominente Namen wie Thomas und Heinrich Mann, Bert Brecht, Lion Feuchtwanger und Alfred Döblin. Sie alle hatten sich freiwillig in die USA begeben und konnten deshalb dort, nachdem sie die bürokratischen Einwanderungshürden hinter sich gebracht hatten, nicht darauf hoffen, auf besondere Weise protegiert zu werden oder in den Genuß von Vergünstigungen zu kommen. Einige von ihnen waren bei Filmgesellschaften für ein Honorar von 100 Dollar pro Woche angestellt. Döblin bezeichnete dies gerne als „Sitzhaft", weil er nur für seine Anwesenheit bezahlt wurde, im Grunde genommen aber nichts zu tun hatte. Viele Filmskripte der Emigranten fanden in den Studios als zu dichterische und zu literarische Vorlagen kein positives Echo. Zudem litten viele Autoren unter der mangelnden persönlichen Anerkennung und der fehlenden Wertschätzung ihrer Werke in der amerikanischen Öffentlichkeit. Offenbar traf sie die gänzliche Andersartigkeit des *American Way of Life* völlig unvorbereitet, und sie brachten nur in Einzelfällen die Bereitschaft auf, sich ihrer neuen Umgebung anzupassen. Mangelnde Sprachkenntnisse machten die gesellschaftliche Integration außerdem schwierig. Kein Wunder, daß die Kommentare der Emigranten über ihre temporäre Heimat zum Teil recht harsch ausfielen. „Hier kommt man sich vor wie franz von assisi im aquarium, wie lenin im prater . . ., eine chrysantheme im bergwerk oder eine wurst im treibhaus", kritzelte Bert Brecht in seine privaten Aufzeichnungen, bevor er 1947 nach Europa zurückkehrte.

6

Seite 72

WEGE 6 - 8

0   5 Meilen

0   5 Kilometer

N

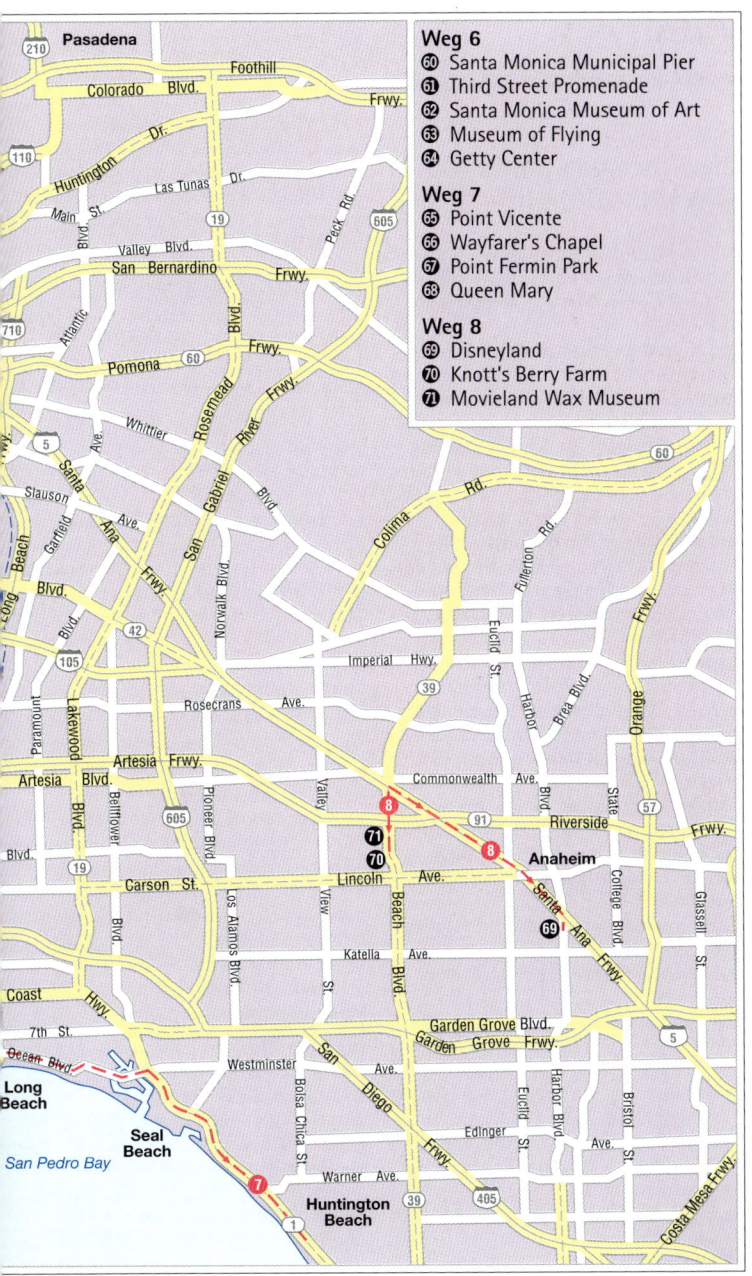

Weg 6
- ⑥⓪ Santa Monica Municipal Pier
- ⑥① Third Street Promenade
- ⑥② Santa Monica Museum of Art
- ⑥③ Museum of Flying
- ⑥④ Getty Center

Weg 7
- ⑥⑤ Point Vicente
- ⑥⑥ Wayfarer's Chapel
- ⑥⑦ Point Fermin Park
- ⑥⑧ Queen Mary

Weg 8
- ⑥⑨ Disneyland
- ⑦⓪ Knott's Berry Farm
- ⑦① Movieland Wax Museum

Weg 7

Die Küste von Santa Monica bis Huntington Beach

*Ocean Front Walk in Venice – Manhattan Beach – *Palos Verdes Peninsula – *Queen Mary in Long Beach

Das Klischee von Südkalifornien als sonnenverwöhntem Strandparadies stimmt, zumindest in den Badeorten, die sich südlich von Santa Monica bis nach Huntington Beach am Pazifiksaum aufreihen. Ob vom extrovertierten Boardwalk in Venice, vom Seglermekka Marina del Rey oder von Redondo Beach die Rede ist – die Küste von Los Angeles ist die sehenswerteste und für die meisten Besucher auch erlebnisreichste Naturattraktion im Großraum. In diesem Zusammenhang von Naturbelassenheit zu sprechen, wäre jedoch stark übertrieben. Denn obwohl es Abschnitte gibt, an denen man Amerikas zweitgrößten urbanen Ballungsraum fast vergessen könnte, liegt der brodelnde Moloch doch immer gleich um die Ecke. Um einen ersten Eindruck von der Küste und den dort liegenden Badeorten zu bekommen, genügt ein Tag. Beim Surfen und Sonnenbaden kann man aber schon einen Extratag einlegen und sich an der Küste vom quirligen Großstadtleben ausruhen.

Seite 72

Teil des berühmten Küstenhighway 1, der den bezeichnenden Beinamen „Traumstraße Amerikas" trägt, ist im Großraum Los Angeles der Pacific Coast Highway. Von Malibu im Nordwesten bis nach Huntington Beach im Südosten zieht sich diese wichtige Verkehrsader in einiger Entfernung von der Küstenlinie durch den urbanen Häuserteppich. Um die einzelnen Strandabschnitte und Badeorte ken-

nenzulernen, biegt man deshalb schon am südöstlichen Stadtausgang von Santa Monica direkt an die Küste ab.

Noch näher am weißen Saum des Pazifiks verläuft eine alternative Route, auf der allerdings nur Fahrräder, Rollerskater und Fußgänger geduldet sind. An Sommerwochenenden geht es dort zu wie auf einem Rummelplatz. Der **South Bay Trail,** der von Santa Monica 34 km bis nach Redondo Beach verläuft und sich südlich davon auf den folgenden 27 km durch ein bergiges Gelände um die Palos-Verdes-Halbinsel fortsetzen läßt, zählt für viele Großstädter zu den attraktivsten Outdoor-Erlebnissen in L. A.

Der Vorteil dieses Wegs besteht darin, daß er in Sichtweite des Meeres entlang dem autofreien Strand verläuft, die Großstadt mit all ihren Einrichtungen aber nur einen Katzensprung entfernt liegt. Hier kann man sich auf erholsame Weise mit der unverwechselbaren Strandkultur Südkaliforniens vertraut machen, die von der restlichen Nation entweder neidvoll aus der Distanz beobachtet oder aber als dekadent abgetan wird.

Südlich von Marina del Rey führt der Bike Trail über den einzigen Abschnitt, der die nahe Riesenstadt unliebsam in Erinnerung bringt. Die westlichen Ausläufer des Internationalen Flughafens reichen fast bis an die Meeresküste, wo auch ein Klärwerk und nicht allzu weit davon entfernt eine Ölraffinerie ihren Platz haben. Die Route ist dort aber so eben, daß man mit einigen kräftigen Tritten in die Pedale schnell wieder unverbaute Strände erreicht.

In Santa Monica, Marina del Rey und den anderen Küstenorten gibt es Geschäfte en masse, bei denen man moderne Räder oder andere Sportgeräte ausleihen kann. Allerdings muß man sie jeweils auch am Mietort wieder zurückgeben: **Sea Mist Rental,** 1619 Ocean Front Walk, Santa Monica, ☎ (310) 395-7076; **Rental on the Beach,** 3100 Ocean Front Walk, Venice,

☎ (310) 821-9047; **Spokes and Stuff,** 1715 Ocean Front Walk, Santa Monica, ☎ (310) 395-4748. Beim Mieten muß man einen Ausweis hinterlegen.

Venice

Nur wenige Meilen südlich von Santa Monica trägt die Küstengemeinde Venice einen großen Namen, dessen Ursprung nicht mehr so ohne weiteres erkennbar ist. Um die Jahrhundertwende setzte sich der schwerreiche Zigarettenfabrikant Abbot Kinney in den Kopf, an der Pazifikküste ein zweites Venedig aufzubauen. Er ließ über 25 km Kanäle ausheben und eine Kopie des Markusdoms errichten. Kinney schwebte eine kulturbewußte Küstengemeinde vor, und so ließ er 1905 zur Eröffnung seiner Kreation nicht nur die Schauspielerin Sarah Bernhardt anreisen, sondern sogar das gesamte Chicago Symphony Orchestra. Technische Schwierigkeiten beim Kanalbau, plötzlich auftauchende finanzielle Probleme sowie das aufkommende Automobilzeitalter machten dem Werk Kinneys schon nach wenigen Jahren den Garaus. Als Los Angeles den Badeort Venice 1925 eingemeindete, wurden im Zuge neuer Bauvorhaben die meisten künstlichen Wasserwege zugeschüttet und viele Bauten abgerissen.

Die nächste Ära dämmerte für Venice in den dreißiger Jahren herauf, als Ölgesellschaften in Strandnähe auf unterirdische Erdölvorkommen stießen. Schon wenige Jahre später sah der Küstenabschnitt mit seinen Wäldern aus Fördertürmen aus wie ein uraltes Industrierevier. Kein Wunder, daß sich in dieser verpesteten Wohngegend damals nur sozial Schwache niederließen. In den fünfziger Jahren wandelte sich das Schicksal des Stadtteils noch einmal, als Hippies und Anhänger der Beat-Generation dort einen Zufluchtsort für die Subkultur der Großstadt sichteten. Ihnen folgten nach bewährtem Muster Alternative und Aussteiger, ehe die City-Schickeria den Küstenflecken für sich vereinnahmte.

Heute renommiert Venice weder mit italienischem Flair noch mit alternativem Lebensglück, sondern mit einer exzentrischen Schaumeile, wie man sie verrückter und extrovertierter nirgendwo findet. Der legendäre **＊ Ocean Front Walk** ist eine von Palmen, hübschen Häuserfassaden und Verkaufsständen gesäumte Strandpromenade, die je nach Standpunkt des Beobachters ganz unterschiedliche Funktionen erfüllt – als Laufsteg der großstädtischen Schickeria, als Bühne überdrehter Clowns, alternder Playboys und figurbewußter Bikiniträgerinnen, als offene Psychiatrie oder als sonnenverwöhntes Freilichtstudio muskelbepackter Hantelsportler. Fast alles, was der Moloch Los Angeles an menschlicher Überspanntheit aufbietet, taucht in der einen oder anderen Variation an der Strandpromenade auf. Man kann dort in einem Café sitzend oder auf eine Decke ins Gras gefläzt Tage beim *people watching* verbringen, ohne aus dem Staunen herauszukommen.

———

Zwischen Venice Beach und dem Internationalen Flughafen von Los Angeles dehnte sich bis in die sechziger Jahre ein sumpfiges Areal aus, das seit damals Zug um Zug in einen der größten künstlichen Jachthäfen der Welt verwandelt wurde. Heute bilden die Bootsländen den Mittelpunkt der Küstengemeinde **Marina del Rey,** wo in den vergangenen Jahrzehnten ein völlig neuer Stadtteil nach Plänen zum Teil bekannter Architekten und Designer entstand.

Fisherman's Village am südlichen Ufer des Hafens im Stil eines nachgebauten neuenglischen Fischerdorfes hat sich nicht nur wegen der dort jeweils am Sonntag stattfindenden Jazzkonzerte zu einer Touristenattraktion entwickelt. Von diesem aus Geschäften und Restaurants bestehenden Komplex kann man die Boote beobachten oder selbst eine Hafenrundfahrt bei einem der zahlreichen Anbieter buchen. Obwohl die Planer und Baumeister um ein

Seite 72

7

möglichst lockeres Flair des Ortes bemüht waren, liegt doch eine seltsam starre Atmosphäre über dem Kunstprodukt Marina del Rey.

Südlich des Flughafens reihen sich die *Beach Communities* so eng aneinander, daß bei der Fahrt auf der Küstenstraße die Grenzen zwischen den einzelnen Gemeinden gar nicht auffallen.

Unter ihnen macht **El Segundo** den am wenigsten durchgestylten Eindruck, was wahrscheinlich an der unmittelbaren Nähe zum Großflughafen und einer riesigen Erdölraffinerie liegt.

Manhattan Beach gilt unter Eingeweihten als einer der besten Badestrände, an dem auch Kinder ungefährdet ins Wasser können. Der Ort für Familienausflüge hat aber noch einen zweiten Ruf – den einer Single-Kapitale. Weit über die Hälfte der Einwohner sollen Unverheiratete sein – für viele anschlußfreudige Einwohner von Los Angeles Grund genug, die Sommerwochenenden vorzugsweise dort zu verbringen.

Der riesige Jachthafen bildet den Mittelpunkt von Marina del Rey

Am Muscle Beach in Venice

Kraftakte als Augenschmaus

Eindrücke vom Muscle Beach in Venice: Die Schauspieler auf dieser Freilichtbühne fallen selbst im showbusineßverwöhnten Los Angeles aus dem Rahmen. Auf einem eingezäunten Platz am Ocean Front Walk, wo andere ihre eigenen Modekreationen spazierenführen oder im Superman-Kostüm auf Rollschuhen durch die Menschenmassen flitzen, pumpen sie im Schweiße ihres Angesichts Eisengewichte, um sich ein Kreuz breit wie ein Kleiderschrank und einen Bizeps steil wie ein Gugelhupf zuzulegen. Wer in diesem menschlichen Gehege als schön und begehrt auffallen will, muß dafür schwergewichtige Opfer bringen in Form von Kilos, ja Tausenden von Kilos Hanteleisen, die liegend, sitzend oder stehend gehoben, gerissen oder gestemmt werden.

Am Muscle Beach herrscht ungebremst der Körperkult. Wehe dem, der als typischer Schreibtischtäter erst einmal mit einer 30-Kilo-Hantel anfangen muß, während andere bereits dreistellige Gewichtslasten in den immerblauen Himmel heben. Diese Arena der eisernen Herausforderungen ist für Muskelprotze ein Paradies der Selbstdarstellung, für Kümmerlinge ein Feld voller potentieller Niederlagen, das sie weiträumig meiden sollten. Als Zuschauer mag man kraft- und saftlose Schmalbrüstigkeit noch unter Jacken und Hemden verbergen können. Innerhalb des Zaunes, wo notgedrungen die Hüllen bis auf das Notwendigste fallen, gelten nur zwei ultimative Maßstäbe: Rambo alias Silvester Stallone und Arnold Schwarzenegger.

7

Seite 72

Ebenso wie in Manhattan Beach gibt es auch in den Badeorten **Hermosa Beach** und **Redondo Beach** ins Meer hineingebaute Piers nach dem Vorbild von Santa Monica. Damit sind die Gemeinsamkeiten aber keineswegs erschöpft. Alle Strände an der sogenannten *South Bay* sind Surferparadiese, denn hier sind die natürlichen Bedingungen für diesen Sport die meiste Zeit des Jahres ausgezeichnet. Wer den Wellenreitern lange genug zugeschaut oder selbst vom Surfen schon weiche Knie hat, kann einen Standortwechsel vornehmen und sich unter die Zuschauer bei einem Volleyballspiel mischen.

Im Süden von Redondo Beach reißt der sandige Saum des Pazifiks plötzlich ab. Hier bildet die *** Palos Verdes Peninsula** mit ihren zerklüfteten Steilufern einen Landvorsprung. Vor langer Zeit soll das Gebiet eine Insel gewesen sein, die sich durch angeschwemmten Sand nach und nach mit dem Festland verbunden hat. Der gut ausgebaute Palos Verdes Drive führt auf dem Weg nach Süden am **Point Vicente** ⑮ vorbei, die durch eine Station der Küstenwache kenntlich gemacht ist. In der Nähe gibt es ein Besucherzentrum, in dem die Geologie der tektonisch instabilen Halbinsel erläutert wird.

Auf einem von Bäumen bestandenen Areal versteckt sich an der Küstenstraße die 1949 errichtete **Wayfarer's Chapel** ⑯, eine Kapelle in Gestalt eines gläsernen Zeltes. Der Entwurf zu diesem Bauwerk stammt von Lloyd Wright, dessen Vater Frank Lloyd Wright zu den bekanntesten Architekten Amerikas zählt. Der zum Ensemble gehörende steinerne Turm entstand erst 1954. Das kleine Gotteshaus ist eine Erinnerung an den schwedischen Naturforscher und Theosophen Emanuel von Swedenborg (1688–1772), dessen Schriften nicht nur Goethe und Schiller beeindruckten, sondern in den USA 1897 zur Gründung der *General Church of New Jerusalem* inspirierten, die für den Kapellenbau sorgte (5755 Palos Verdes Dr.).

Südlichster Landvorsprung auf der Palos-Verdes-Halbinsel ist der **Point Fermin Park** ⑰ mit einer zweiten Küstenwache aus dem Jahr 1874. Schon im 19. Jh. beobachteten die Fischer von diesem Punkt aus die zwischen Eismeer und Baja California wandernden Grauwale. Heute reicht der Blick über den riesigen Industriehafen San Pedro bis nach Long Beach hinüber. Vom Park führt ein Weg zum **Cabrillo Beach** mit seinen zahlreichen Gezeitenpools, in denen sich typisches Meeresleben wie lachsfarbene Seesterne, Seeigel und Seeanemonen hält. Die pazifische Flora und Fauna ist auch Thema des **Cabrillo Marine Museum,** das sich als Schaufenster in die Unterwasserwelt vor seinen Pforten versteht. Die Größe der Tanks und Aquarien kann zwar nicht mit der bekannterer Meeresmuseen entlang der kalifornischen Küste mithalten. Aber in diesem von Frank Gehry entworfenen Gebäude sind immerhin die 500 Arten in einer ihrer natürlichen Heimat fast perfekt nachempfundenen Umgebung untergebracht (3720 Stephen White Dr.; ◷ Di–Fr 12–17, Sa/So 10–17 Uhr).

Bereits bei der Anfahrt auf den riesigen Hafen von **San Pedro** dekoriert sich der Horizont mit den stählernen Armen von Ladekränen, die alljährlich an die zwei Millionen Tonnen Fracht bewegen. Beim Blick über die ausgedehnten Hafeneinrichtungen ist heute kaum mehr vorstellbar, daß an dieser Stelle noch um die Jahrhundertwende ein kleines Fischerdorf seinen Platz hatte. Bald gingen Einwanderer aus vielen Teilen der Welt, hauptsächlich aber aus südeuropäischen Ländern, in San Pedro an Land, und viele von deren Nachkommen wohnen heute noch hier.

Mitten in dem Gewirr von Kanälen, Piers, Lagerhallen und verankerten Containerschiffen bildet das **Ports O'Call Village** eine touristische Enklave aus Brettern und Planken und versucht recht vergeblich, Besuchern das exotische Flair einer alten Walfängersiedlung vorzugaukeln.

Long Beach

In kühnem Schwung führt von San Pedro die Vincent Thomas Bridge nach
Long Beach hinüber, das meistens als
Anhängsel von Los Angeles in Erscheinung tritt, in Wahrheit aber mit
430 000 Einwohnern die fünftgrößte
Stadt Kaliforniens ist. Noch Anfang der
80er Jahre war ihr Ruf nicht gerade der
beste, doch sorgten neue Investitionen
v. a. im Zentrum für ein gänzlich neues
Gesicht mit palmengesäum-
ten Straßenzügen und ele-
ganten Neubaufassaden.

*Mit den Rollerblades auf dem
South Bay Trail*

Die Stadt bietet ihren Besuchern mit dem **El Dorado
Nature Center** (E. Spring St.
/Studebaker Rd.) eine Mi-
schung zwischen Zoo und
Museum, die für kleine Besucher ebenso interessant ist
wie das **Long Beach Children's Museum** (445 Long
Beach Blvd.) mit Puppen-
theater, einem Einkaufsladen
und anderen Einrichtungen einer echten Kinderstadt. Erwachsenen bietet
das **Long Beach Museum of Art** Sammlungen von Gemälden und Skulpturen,
die durch Multimedia-Kunstwerke er-
gänzt werden (2300 E. Ocean Blvd.).

*Steilufer an der Palos Verdes
Peninsula*

Bekanntester Besuchermagnet der
Stadt ist die an der Pier J vor Anker liegende **★ Queen Mary ㊳**, ein ausgedien-
ter Luxusliner von beeindruckenden Dimensionen, der zwischen 1936 und
1967 unter britischer Flagge die Weltmeere befuhr. In Long Beach für immer
vor Anker gegangen, dient das Schiff
heute als schwimmendes Hotel, das
auch nicht dort nächtigende Gäste besichtigen können. Schlendert man über
die verwaschenen Planken der alten
Decks, fühlt man sich um Jahrzehnte in
die Vergangenheit versetzt, als compu-
tergesteuerte Ozeanriesen höchstens in
den Phantasien von Science-fiction-
Autoren vorkamen.

Der 310 m lange Oldtimer lief in
Schottland vom Stapel und machte im
Mai 1936 seine Jungfernreise. Im

*Die Queen Mary liegt in Long
Beach vor Anker*

7

Seite
73

Zweiten Weltkrieg wurde das Schiff, das auf Grund seines Tarnanstriches den Beinamen „Grauer Geist" trug, als Transporter für etwa eine Dreiviertelmillion Soldaten zwischen Neuer und Alter Welt eingesetzt. Aus dieser Zeit rühren zahlreiche Geschichten, die sich um unerklärbare Erscheinungen drehen. Im Juli 1947 beendete es seinen militärischen Dienst und wurde wieder als ziviles Linienschiff eingesetzt. Nachdem in der Nachkriegszeit Flugzeuge zur Konkurrenz im Transatlantikverkehr wurden, absolvierte die alte Dame im September 1967 ihre letzte Reise (Long Beach Harbor, ☎ 562/435-3511; ◷ tgl. 10–18 Uhr). Seit Anfang 1998 liegt in der Nachbarschaft das russische U-Boot „Scorpion" vor Anker, das bis 1994 die Weltmeere befuhr.

—

Etwa 15 km von Long Beach entfernt führt **Seal Beach** im Unterschied zu anderen Küstengemeinden ein etwas verschlafenes Dasein. Ganzer Stolz der Ortschaft ist die Pier, auf der die Einwohner an Sommernachmittagen gerne den Sonnenuntergang abwarten und dabei den Amateuranglern bei ihrer liebsten Freizeittätigkeit zuschauen.

Verglichen damit geht es im 200 000 Einwohner zählenden **Huntington Beach** geradezu hektisch zu, zumindest auf dem Gebiet des Surfsports, für den vor Ort günstige Bedingungen herrschen. So ist auch nicht verwunderlich, daß sich dort das **Huntington Beach International Surfing Museum** mit einer erklecklichen Sammlung von Surfbrettern und Actionfotos ansiedelte (411 Olive Ave.). Wer gegen eine enge Verflechtung zwischen Sport, Kommerz und Sonnenbaden nichts einzuwenden hat, wird sich an den Stränden von Huntington Beach wohlfühlen. Denn dort kommt man sich an manchen Strandabschnitten wie auf einer Ladenzeile vor, in der gigantische Mengen von T-Shirts und Sonnenbrillen, Hot dogs und sprudelnde Soft Drinks auf Abnehmer warten.

Weg 8

Im Land der lebendigen Märchen

∗∗ Disneyland – ∗ Knott's Berry Farm – Movieland Wax Museum

Nadelspitz sind die Türmchen, die über dem grauen Mauerwerk in den Himmel ragen und flatternde Fahnen tragen. Um Wehrgänge aus groben Granitklötzen und schmale Balkone ranken sich blühende Rosensträucher, und an einem der schmalen Fenster huscht schattenhaft eine hübsche Prinzessin vorbei. Szenen aus dem Mittelalter? Nicht ganz. Mit der Wehrhaftigkeit des Dornröschenschlosses ist es nämlich nicht sonderlich weit her. Und ob die märchenhafte Plastikarchitektur der Fabelburg dem Angriff einer verwegenen Ritterhorde standhalten würde, darf getrost bezweifelt werden. Aber Disneyland versteht sich schließlich auch nur als eine Welt der Kulissen und will mit dem tatsächlichen Leben so wenig wie möglich zu tun haben. Das im Parkmittelpunkt gelegene Schloß ist genauso wenig echt wie die afrikanische Sumpflandschaft gleich in der Nähe oder die Riesenrakete in der Science-fiction-Sektion, mit der begeisterte Jugendliche kreischend eine Minutenreise zum Saturn antreten. In den großen Vergnügungsparks von Los Angeles kann man Tage verbringen, vor allem in der Begleitung von Kindern.

Orange County, ein zum Ballungsgebiet von Los Angeles gehörender Landkreis im Südosten des Zentrums, war im 19. Jh. noch ein kaum erschlossenes Gebiet, das sich drei einflußreiche Rancherfamilien, die Peraltas, Yorbas und Sepulvedas, mit einer Reihe kleinerer

Viehzüchterbetriebe teilten. Mit Anaheim entstand um die Mitte des Jahrhunderts eine von Deutschen, später auch von polnischen Einwanderern betriebene Farmgemeinde, die neben Gemüse- hauptsächlich Orangenkulturen anlegte. Davon leitete sich auch der Name des Landkreises ab. Im 20. Jh. entwickelte sich Orange County zusehends zu einer großstädtischen Wohnregion,

Die Pier von Huntington Beach

da der Platz im Zentrum von Los Angeles bereits rar zu werden begann. Die Orangenhaine schrumpften zwischen den ausufernden Siedlungen immer stärker zusammen, sofern das unverbaute Land nicht in Privatbesitz war wie etwa *San Clemente Estate,* wo Richard Nixon während seiner Amtszeit als US-Präsident quasi eine westliche Filiale des Weißen Hauses in Washington D.C. unterhielt. Der südliche Teil des Landkreises trat Mitte der fünfziger Jahre in eine neue Ära ein.

** Disneyland ⑲

Der Vergnügungspark wurde 1954 eröffnet. Bis heute zählte man dort über 300 Mio. Besucher, die nicht nur innerhalb des Parks untergebracht sein wollten, sondern auch außerhalb der Vergnügungsanlage eine Infrastruktur notwendig machten. Das Reich der Phantasie dehnt sich über eine 30 ha große Fläche aus und kostete seinerzeit 200 Mio. Dollar. Neu hinzugekommene Attraktionen verschlangen seitdem Unsummen und trieben die Eintrittspreise gewaltig in die Höhe. Dennoch erfreut sich der Park großer Beliebtheit.

Erinnerungsfoto mit Mickymaus

Disneyland ist der Prototyp eines sogenannten Themenparks, der sich in unterschiedliche Sektionen mit unterschiedlichen Themenschwerpunkten aufteilt. Vom Haupteingang gelangt der Gast zunächst in die **Main Street USA,** die Nachbildung einer städtischen Hauptstraße im Stil der Jahrhundertwende mit viktorianischen Holzfassa-

In Mickey's Toontown geben sich die berühmten Zeichentrickfiguren ein Stelldichein

8

Seite 73

den, hinter denen Berge von Süßigkeiten, Donald-Duck-T-Shirts und massenhaft Plüschtiere verkauft werden. Auf dem Platz vor dem großen Dornröschenschloß, dem Neuschwanstein als Bauvorlage gedient haben soll, zweigen die Wege in die einzelnen Themenbereiche des Parks ab.

Adventureland trägt afrikanische Züge mit Lehmfassaden, vor denen ein zusammengebrochenes Expeditionsfahrzeug als deutlicher Hinweis auf den abenteuerlichen Charakter dieser Sektion zu verstehen ist. Gleich um die Ecke liegt der Bootssteg, von dem die Passagiere zur Dschungelfahrt durch einen dampfenden Sumpf ablegen, in dem viele Gefahren lauern. Der wahre kosmopolitische Charakter dieses Viertels liegt darin, daß er Nil, Kongo und Amazonas einträchtig zusammenbringt – für clevere Schulkinder Grund genug, die geographische Verläßlichkeit von Disneyland in Zweifel zu ziehen.

Der **New Orleans Square** ist von Häusern mit breiten Balkonen und schmiedeeisernen Brüstungen umgeben. Nur ein paar Schritte entfernt setzt eine winzige Fähre Gäste auf ein kleines Eiland über, das aussieht, als sei Tom Sawyer mit seinem Freund Huckleberry Finn eben um die Ecke verschwunden. **Frontierland** thematisiert den amerikanischen Westen und läßt die Gäste mit der *Big Thunder Mountain Railroad* durch ein Bergwerk im Stil des 19. Jhs. rasen.

In **Fantasyland** fühlen sich die kleinsten Besucher wohl. Neben Peter Pan und Pinocchio tauchen in den einzelnen Attraktionen viele unterschiedliche Märchenthemen und -figuren auf, und natürlich warten irgendwo Mickymaus oder Donald Duck, um mit Kindern und Erwachsenen für ein Erinnerungsfoto zu posieren.

Als echte Zugnummer hat sich in den vergangenen Jahren **Tomorrowland** mit seinen Science-fiction-Einrichtungen entpuppt. Meist bilden sich lange Warteschlangen vor der gewaltigen Rakete am **Space Mountain,** mit der die Passagiere eine Blitzreise in den Orbit unternehmen. Schon der Eingang zu dieser Attraktion wurde stilecht in der Gestalt eines NASA-Kontrollzentrums angelegt. Gleich nebenan geht es nicht in die Höhe, sondern mit einem futuristischen U-Boot in die Tiefe.

Eingeweihte wissen, daß ein Besuch in Disneyland gut geplant werden sollte, um die Wartezeiten an den einzelnen Attraktionen so gering wie möglich zu halten. Die gewaltigsten Besuchermassen brechen im Hochsommer und um die Weihnachtszeit über den Park herein. Unmittelbar nach der täglichen Öffnung bestehen in der Regel die besten Chancen, ohne langes Anstehen die begehrtesten Höhepunkte zu Gesicht zu bekommen. (1313 Harbor Blvd., Anaheim, von Downtown mit dem Auto am besten erreichbar über die I-5; ◷ Mitte Sept. bis Mai Mo–Fr

Walt Disney

Amerika ist voll von Geschichten über Tellerwäscher, die es zu Millionenvermögen brachten. Ähnlich hört sich die Lebensgeschichte des wohl berühmtesten Amerikaners an: Walt Disney.

Im Jahr 1901 in Chicago als Sohn einer Deutschamerikanerin und eines Kanadiers irischer Abstammung zur Welt gekommen, machte der junge Walt schon in der Schule auf sein Zeichentalent aufmerksam. Allerdings fiel seinen Lehrern schon damals sein eigener Stil auf, von dem er sich nicht abbringen lassen wollte. Später machte er sich als Zeitungsverkäufer, dann als Bauchladenhändler selbständig, erzielte aber mit seinen zum Zeitvertreib hingekritzelten Figuren höhere Gewinne als mit Bonbons und Kaugummi. Nach dem Ersten Weltkrieg erstand er zusammen mit seinem Bruder Roy eine alte Filmkamera, mit der das Team einen ersten

9–18, Sa/So 9–24 Uhr, Juni bis Mitte Sept. tgl. 8–1 Uhr.)

——

Nordwestlich von Disneyland legte das Ehepaar Walter und Cordelia Knott schon in den zwanziger Jahren den Grundstein für ihr späteres Unterhaltungsimperium. Die Knotts versuchten sich auf ihrer Farm während der Weltwirtschaftskrise dadurch über Wasser zu halten, daß sie am Straßenrand ihre Erzeugnisse aus dem Garten sowie fertig gekochte Mahlzeiten verkauften. Daraus entwickelte sich ein so florierendes Geschäft, daß Walter Knott nebenan eine kleine Geisterstadt zusammenzimmerte, in der sich die hungrigen Gäste die Wartezeiten vertreiben konnten. Aus diesen Anfängen heraus entstand 1934 mit der **∗Knott's Berry Farm ⑳** der erste amerikanische Themenpark, der heute zu den größten im Lande zählt.

In der alten Geisterstadt von Knott's Berry Farm

Film mit gezeichneten Szenen aufnahm. Aber erst als Zeichner einer Werbefirma konnte Walt seine revolutionäre Idee ausbauen und technisch vervollkommnen. Wie zuvor blieben seine Filme aber unbekannt, weil keiner sie vermarkten wollte. Selbst in Hollywood blieb Walt Disney lange Zeit der Erfolg versagt, bis er Anfang der dreißiger Jahre in seinem Streifen „Steamboat-Willie" eine Maus mit dünnen Beinen und großen Ohren die Hauptrolle spielen ließ. Walt wollte sie Mortimer nennen, aber seine Frau setzte sich mit einem anderen Vorschlag durch: Mickymaus.

Neben diesem Markenzeichen von Walt Disney entstanden aus seiner Feder im Laufe der Zeit weitere Figuren wie beispielsweise Donald Duck und Goofy, die heute in aller Welt bekannt und beliebt sind. Später waren bis zu 400 Zeichner im Auftrag des großen Meisters an der Arbeit, um Zeichentrickfilme wie „Das Dschungelbuch", „Susi und Strolch", „Bambi" oder „Aristocats" zu zeichnen. Schließlich setzt sich jede einminütige Filmsequenz aus 960 einzelnen Zeichnungen zusammen.

Walt Disney blieb nicht bei seinen erfundenen Zeichentrickfiguren stehen, sondern widmete sich auch Dokumentarfilmen, unter denen einige wie „Die Wüste lebt" oder „Wunder der Prärie" Auszeichnungen erhielten. Im Jahr 1954 schließlich gewann eine der Lieblingsideen Disneys Gestalt. Am Rand von Los Angeles entstand mit Disneyland der erste seiner Vergnügungsparks, die in vielen Teilen der Welt, hauptsächlich natürlich in den USA, Nachahmer fanden. Im Jahr 1966 starb mit Walt Disney einer der erfindungsreichsten Geister der amerikanischen Filmgeschichte.

8

Seite **73**

Die alte Geisterstadt existiert noch genauso wie das Restaurant von Mrs. Knott. Für 65 Cents ist das Abendessen jedoch nicht mehr zu haben. Die übrigen Parkeinrichtungen sind dem Thema *Der alte Westen* im großen und ganzen ebenfalls treugeblieben, wenn in jüngster Zeit auch mit dem *Königreich der Saurier* eine Attraktion hinzukam, die sich eher den Kassenschlager „Jurassic Park" zum Vorbild nahm. In den heißen Sommermonaten stehen junge Besucher am *Log Ride* Schlange, wo sie in einem ausgehöhlten Baumstamm auf einem Bach durch eine Sägemühle und ein Holzfällercamp schwimmen, ehe es über einen 12 m hohen Wasserfall in die Tiefe geht. Wer bei dieser Höllenfahrt trocken bleibt, hat etwas falsch gemacht.

Fiesta Village erkennt man an seinem mexikanischen Flair und den Mariachi-Kapellen, während *Thunder Falls* die Natur und die indianische Vergangenheit des pazifischen Nordwestens zum Thema hat. (8039 Beach Blvd., Buena Park, erreichbar vom Stadtzentrum über die I-5; ◷ Mo–Fr 10–18, Sa 10–22, So 10–19 Uhr, im Sommer und an Feiertagen längere Öffnungszeiten, Weihnachten geschl.)

Wer dem Orange County nicht den Rücken kehren will, ohne John Wayne, Kevin Costner oder die Mannschaft vom „Raumschiff Enterprise" unter der Führung von Captain Kirk getroffen zu haben, hat gleich in der Nähe von Knott's Berry Farm dazu Gelegenheit. **Movieland Wax Museum ❼** präsentiert sich als Ableger des berühmten Wachsfigurenkabinetts von Madame Tussaud in London. Fast 300 wächserne Nachbildungen berühmter Zeitgenossen aus Film und Fernsehen haben in unterschiedlichen Szenen zu einem großen Prominententreff zusammengefunden, bei dem auch Madonna, Mel Gibson, Humphrey Bogart, Marilyn Monroe und die Marx Brothers nicht fehlen. (7711 Beach Blvd., Buena Park, Beach Blvd. Exit von der I-5; ◷ tgl. 9 bis 19 Uhr.)

Ausflug 1

Durch die Wüsten von Südkalifornien

Los Angeles – Palm Springs – * Joshua Tree N. P. – * Anza Borrego Desert S. P. – ** San Diego – Ozeanside – Los Angeles (673 km)

Wie auf einem feuchten Papier auseinanderlaufende Aquarelltupfer sehen die Autos und Lastwagen aus, die auf der entfernten Schnellstraße in der flirrenden Luft lautlos über den Horizont gleiten. Heiße Luft wabert über der regungslosen Wüsteneinsamkeit. Ein winziger Vogel hüpft mutig zwischen Stacheln eines Teddybear-Cholla-Kaktus hindurch. Weit im Osten zieht sich ein weißer Strich durch die graue Landschaft, wo schon vor langer Zeit ein See verdunstete und eine verkrustete Salzfläche zurückließ. Südkaliforniens Wüstenlandschaften zählen zum Faszinierendsten, was der Golden State an Naturszenerien aufzuweisen hat. Auf einer in L.A. beginnenden Rundtour kann man mit dem Joshua Tree National Park und dem Anza Borrego Desert State Park zwei der schönsten Gebiete der Mojave- und Sonora-Wüste kennenlernen, von der Millionärsenklave Palm Springs und der aufstrebenden Küstenmetropole San Diego ganz abgesehen. Für diese Tour sollte man sich getrost eine Woche Zeit nehmen, um die grandiosen Landschaften nicht nur durchs Autofenster zu erleben.

Schnellste Verbindung von Downtown Los Angeles an den östlichen Stadtrand ist die I-10, auf der man bereits nach zwei Autostunden die berühmteste Wüstenstadt Kaliforniens am Fuße der San Jacinto Mountains erreicht:

8

Seite
73

Palm Springs

(184 km; 40 000 Einw.). Die Stadt läßt sich gerne und mit etwas Übertreibung als „Golfhauptstadt der Welt" bezeichnen, weil dort alljährlich, jedenfalls statistisch gesehen, fast jeden dritten Tag ein Golfturnier stattfindet. Golf in der Wüste? Die vor Ort vorkommenden heißen Quellen waren schon vor Jahrhunderten den Cahuilla-Indianern bekannt, die in den San-Jacinto-Bergen auf die Jagd gingen und das dampfende Naß für medizinische und rituelle Zwecke verwendeten. Als sie mit der Ankunft der weißen Siedler nach und nach aus ihren angestammten Gebieten verdrängt wurden, floß das Quellwasser im Laufe der Zeit auch anderen Zwecken zu wie etwa privaten Schwimmbecken, Hotelpools und eben den ausgedehnten Golfanlagen, die rundum grüne Flecken in die graue Wüste zaubern.

Am südlichen Stadtrand von Palm Springs spülte fließendes Wasser einige kleinere Canyons aus den Bergflanken heraus. Diese schattigen, von Palmen bewachsenen Schluchten waren für die Indianer in den heißen Hochsommer-

Seite 85

Joshua Tree – Riesen-Yuccapalme – im Joshua Tree N. P.

In Palm Springs, einer Oase mitten in der Wüste

AUSFLÜGE 1 UND 2

monaten willkommene Rückzugsgebiete. Heute lockt v. a. die Wüstenoase *Palm Canyon Besucher mit einem Wanderweg, der an einem kühlen Bach entlang durch ein im Frühjahr blühendes Naturparadies führt.

Wer noch kühlere Temperaturen bevorzugt, kann mit dem *Palm Springs Aerial Tramway auf den 2596 m hohen Mount San Jacinto fahren, wo sich bei einer Tasse Kaffee in der Cafeteria oder bei einer kleinen Wanderung die unvergleichliche Transparenz der Luft und der wunderschöne Rundblick genießen lassen.

⌂ **La Mancha Private Villas & Court Club,** 444 Avenida Caballeros, ☎ (619) 323-1773, 📠 323-5928. Wunderbare Anlage mit einzelnen Villen, in denen vom Geschirrspüler bis zum eigenen Swimmingpool alles vorhanden ist, was das Urlaubsleben leicht und angenehm macht. ⑤⟩⟩
El Rancho Lodge, 1330 E. Palm Canyon Dr., ☎ (619) 327-1339. Kleines Motel mit 19 Räumen, die zum Teil mit Küchen ausgestattet sind. ⑤–⑤
⚠ **Happy Trailer RV Park,** 211 W. Mesquite Ave., ☎ (619) 325-8518. Gut gelegen mit Swimmingpool, Picknicktischen und sauberen Einrichtungen.

⌂ **Wild Goose,** 67938 E. Palm Canyon Dr., ☎ 328-5775. Leckere Fleisch-, Geflügel- und Seafood-Gerichte, mit musikalischer Begleitung. ⑤⟩⟩
Cactus Corral, 67501 E. Palm Canyon Dr., ☎ 321-8558. Barbecue wie im alten Westen in einem dazu passenden Ambiente. ⑤

———

Bei der Ortschaft *Twentynine Palms* (250 km) liegt der nördliche Eingang zum *Joshua Tree National Park, dessen Territorium sich zwei Wüstentypen teilen. Der höher gelegene und sehenswertere Nordwesten des Parks gehört zur Mojave-Zone. Unter Felskletterern zählen die in diesem Gebiet vorkommenden riesigen abgerundeten Steinblöcke nicht nur klimatisch zu den

„heißesten" Tips. Zwischen den gigantischen Felsen gedeihen die dekorativen Joshua Trees, 10 m hohe Riesen-Yuccapalmen, von denen der Park den Namen erhielt, besonders gut. Auf der Fahrt über die zentrale Parkstraße nach Süden überquert man die Grenze zur tiefer gelegenen und heißeren Sonora-Wüste, in der sich typische Kakteenlandschaften ausbreiten. Am schönsten ist es hier im Frühjahr, wenn die stachlige Vegetation vielfarbige Blüten aufsetzt (Oasis Visitor Center, 74485 National Park Dr., Twentynine Palms, ☎ (619) 367-7511; ◷ tgl. 8–17 Uhr).

Im Süden des Nationalparks breitet sich mit **Salton Sea** der größte See Kaliforniens aus. Bei seiner Entstehung hatte der Mensch die Hand im Spiel – versehentlich. Als Ingenieure zu Beginn des 20. Jhs. versuchten, Wasser zu Bewässerungszwecken vom Colorado über Kanäle nach Südkalifornien umzuleiten und überreiche Niederschläge den Fluß gleichzeitig anschwellen ließen, brachen sich die Wassermassen Bahn in dieses tiefer gelegene Becken, in dem heute noch Kaliforniens Totes Meer steht und wegen des fehlenden Nachschubs immer salziger wird.

Während die Versuche, dieses Gewässer in ein Feriengebiet zu verwandeln, scheiterten, steht der *Anza Borrego Desert State Park unter den schönsten Naturparks Kaliforniens an prominenter Stelle. Kerzensträucher, Faßkakteen, Teddybear Chollas und andere typische Vertreter der Trockenzonen machen aus der Wüstenei eine atemberaubende Naturkulisse, die man am besten vom Besucherzentrum in *Borrego Springs* (412 km) aus erkundet.

❶ Anza Borrego Desert State Park Visitor Center, Palm Canyon Dr., ☎ (619) 767-4684; ◷ Okt.–Mai tgl. 9–17, sonst nur Sa/So/Fei 9–17 Uhr.

⌂ **La Casa del Zorro,** 3845 Yaqui Pass Rd., Borrego Springs, ☎ (619) 767-5323, 📠 767-4782. Hübsche Hotelanlage mit viel Grün; eigenes Restaurant. ⑤–⑤⟩⟩

Seite 85

⚠ **Palm Canyon Resort RV Park,** 221 Palm Canyon Dr., ☎ (619) 767-5341. Der günstig in der Nähe des Visitor Center gelegene Platz wirbt mit dem Spruch „Keine Verkehrsampel im Umkreis von 50 Meilen".

**San Diego

(494 km; 1,2 Mio. Einw.). Nur etwa 80 km trennen die heiße Wüste von der luftigen Pazifikküste Südkaliforniens mit der Millionenstadt San Diego unmittelbar an der mexikanischen Grenze. Der Stadt wie ein gekrümmter Finger vorgelagert ist die **Point-Loma-Halbinsel,** von der aus sich ein phantastischer erster Blick über die Stadt samt ihrer Umgebung bietet. An ihrer Spitze steht das 1855 in Betrieb genommene malerische **Old Point Loma Lighthouse,** das heute nur noch dekorative Zwecke erfüllt und vor allem als Fotomotiv herhalten muß. Ganz in der Nähe erinnert das **Cabrillo National Monument** an den portugiesischen Seefahrer Juan Rodriguez Cabrillo, der als erster Europäer 1542 in der Bucht von San Diego ankerte.

Der historische Kern der Stadt ist in **Old Town** nördlich des heutigen Zentrums unter Denkmalschutz gestellt. Dort existieren neben Restaurants und auf alt getrimmten Läden noch einige Adobe-Gebäude aus der Pionierzeit. Nicht weit entfernt beginnt der ***Balboa Park,** in dem die bekanntesten Museen der Stadt sowie der berühmte **San Diego Zoo** liegen, der sich seit Jahrzehnten um den Schutz bedrohter Tierarten besonders verdient macht (☉ tgl. 9 bis 19 Uhr, im Winter nur bis 16 Uhr).

Von der *Waterfront* am Hafen, wo sich das **San Diego Maritime Museum** und das **Seaport Village,** ein Touristenflecken im pseudo-neuenglischen Stil, befinden, dehnt sich ostwärts das eigentliche Zentrum von San Diego aus. Die supermodern gestaltete **Horton Plaza** ist eine Shopping Mall, die auf unterschiedlichen, ineinander verschachtelten Ebenen Boutiquen, Imbiß-

Faßkaktus im Anza Borrego Desert State Park

Skyline von Downtown San Diego

Die Old Town von San Diego steht heute unter Denkmalschutz

Seite 85

Seite
85

stände und Restaurants für jeden Geschmack zu bieten hat. Das angrenzende, hauptsächlich aus Ziegelgebäuden bestehende historische **Gaslamp Quarter** wäre vor einigen Jahren beinahe den Spitzhacken zum Opfer gefallen, hätten sich nicht Bürgerinitiativen für den Erhalt des alten Viertels eingesetzt.

Schon einmal in San Diego, sollte man nicht versäumen, mit der *South Line* des **San Diego Trolley** einen Abstecher über die mexikanische Grenze nach **Tijuana** zu unternehmen. Die Straßenbahn fährt bis unmittelbar an die Grenze, von wo man zu Fuß in die Nachbarstadt spazieren kann. Jenseits der Kontrollstellen tut sich eine exotische anmutende Welt auf. Die Straßen sind voll von Geschäften und Händlern, und in den Restaurants werden die Mahlzeiten und Getränke zu erheblich niedrigeren Preisen serviert als in San Diego – für amerikanische Nachtschwärmer Grund genug, die Wochenenden in den Kneipen und Klubs von Tijuana zu verbringen (Abfahrt ab Santa Fe Depot in Downtown, 5–20 Uhr alle 15 Minuten, 20–24 Uhr alle 30 Minuten).

Am Weg vom Zentrum von San Diego in Richtung Norden liegt abseits der I-5 an der Mission Bay mit **★★ Seaworld** ein Meerespark, den sich nur die wenigsten Stadtbesucher entgehen lassen. Besonders die dort gehaltenen Killerwale haben das Ozeanarium berühmt gemacht. Außer den Orkas beherbergen die großen Anlagen Otter, Delphine, Robben, Haie und viele andere Meeresbewohner, die man in freier Natur nur selten zu Gesicht bekommt (Sea World Dr.; ⊙ im Sommer tgl. 10–23 Uhr, im Winter 10 Uhr bis Sonnenuntergang).

❶ San Diego International Visitors Information, 11 Horton Plaza, First/F Sts., San Diego, CA 92101, ☎ (619) 236-1212.

🏨 **Hanalei Hotel,** 2270 Hotel Circle N., ☎ (619) 297-1101, 🖷 297-0555. Ferienanlage mit gemütlichen Zimmern und hawaiischem Ambiente. ⑤⑤⑤

Vagabond Inn, 625 Hotel Circle S., ☎ (619) 297-1691, 🖷 692-9009. Sauberes Motel mit eigenem Pool und hellen Räumen. ⑤–⑤⑤

🏨 **Anthony's Fish Grotto,** 11666 Avena Pl., ☎ 451-2070. Hervorragende Fisch- und Meeresfrüchte-Gerichte. ⑤⑤

Hob–Nob Hill, 2271 First Ave., beim Balboa Park, ☎ 239-8176. Ausgezeichnete Mahlzeiten mit Lamm, Truthahn und Muscheln. ⑤⑤

———

Nördlich der Mission Bay liegt **★ La Jolla,** spanisch „das Juwel", eine von gutbetuchten Amerikanern bewohnte Küstenperle. In der Tat kann sich die verwinkelte Ortschaft über der ockerfarbenen Steilküste sehen lassen. Wer nur wenig Zeit hat, sollte zumindest die Küstenstraße entlangfahren und sich an einem der zahlreichen Aussichtspunkte eine Weile die Beine vertreten.

Auf halber Strecke zwischen San Diego und Los Angeles eignet sich **Oceanside** (553 km; 128 000 Einw.) für einen weiteren Zwischenstopp. Das Städtchen ging aus der 1798 gegründeten *Mission San Luis Rey* hervor, eine von 21 Missionsstationen am vom Franziskanermönchen im 18. und 19. Jh. eingerichteten Mission Trail. Die Mission in Oceanside war die größte aller kalifornischen Stationen, und noch heute bekommen Besucher bei einem Gang durch die alten Gebäude einen Eindruck vom damaligen Leben weit jenseits der Zivilisationsgrenze.

Einen Besuch verdient auch die weit ins Meer hinausreichende *Pier* von Oceanside, die von langen Sandstränden flankiert wird. An warmen Sommertagen ist der Holzbau von Anglern bevölkert, denen der „Spaß an der Freude" manchmal wichtiger zu sein scheint als ein Fisch am Haken.

Der Küstenhighway I-5 ist die schnellste Verbindung, um die restlichen 120 km bis nach **Los Angeles** zurückzulegen.

Ausflug 2

Entlang der Küste nach Santa Barbara

Los Angeles – Ventura – *Santa Barbara (160 km)

Der Pazifikabschnitt zwischen Los Angeles und San Francisco bildet Kaliforniens traumhafte Zentralküste. Ihr südlichster Teil reicht von L. A. bis nach Santa Barbara, einem wahren Schmuckstück unter den fast zwei Dutzend historischen Missionsstandorten des Golden State. Auf dem Weg liegen außerhalb der „Stadt der Engel" nur wenige größere Ansiedlungen, dafür zahlreiche State Parks und State Beaches, wo sich die Küstenlandschaft von ihrer schönsten Seite zeigt. Der Ausflug nach Santa Barbara bietet sich als Zweitagestour mit einer Übernachtung am Zielort an.

Von Downtown Los Angeles ist der Santa Monica Freeway die schnellste Verbindung an die Küste nach Santa Monica, wo mit dem *Pacific Coast Highway* die berühmte „Traumstraße Amerikas" beginnt. Über den Prominentenvorort **Malibu** (s. S. 70) vor der Hintergrundkulisse der blauen Santa-Monica-Berge erreicht man nach etwa 72 km den **Point Mugu State Park,** der sich mit seinen über 100 km langen Hiking Trails für einen längeren Stopp anbietet. Die Pfade führen über Präriegraswiesen und durch malerische Taleinschnitte mit schattigen Wäldchen, in denen man picknicken kann.

Auf der Höhe dieses Staatsparks biegt der Hwy. 1 von der Küste ab und erreicht sie erst wieder bei **Ventura** (100 km). Vom Hafen der 88 000 Einwohner großen Stadt setzen ganzjährig Schiffe auf die der Küste vorgelagerten *Channel Islands* über. Zudem befindet

Seaworld von San Diego: Show mit Killerwalen

Kirche der San Buenaventura Mission in Ventura

Arkadengang in der Mission Santa Barbara

Seite 85

sich hier das Hauptquartier des *Channel Island National Park,* über den die Ranger gerne Auskunft geben (1901 Spinnaker Dr., Ventura Harbor, ☎ (805) 658-5730; ⏱ tgl. 8–17.30 Uhr, im Winter 8.30–16.30 Uhr).

Seite 85

Das Zentrum von Ventura entwickelte sich um die 1782 gegründete *San Buenaventura Mission,* deren Kirche nach einem Brand 1809 durch den heutigen Bau aus einer Kombination von Stein und Ziegeln ersetzt wurde. In einem winzigen Museum sind religiöse Gegenstände ausgestellt sowie eine besondere Rarität – ein aus Holz gefertigtes Kirchengeläut, das einzige dieser Art in Kalifornien (211 E. Main St.).

Informativer und größer ist das benachbarte * *Albinger Archaeological Museum,* das nicht nur die Geschichte der Ventura-Region seit Ankunft der ersten Spanier behandelt, sondern Relikte aus der Kultur prähistorischer Indianer zeigt, die schon vor 3500 Jahren in dieser Gegend lebten (113 E. Main St.; ⏱ Mi–So 10–16 Uhr, im Winter Mi–Fr 10–14, Sa/So 10–16 Uhr).

*Santa Barbara

(160 km). Nicht zu Unrecht rühmen die 86 000 Einwohner der Stadt das mediterrane Flair ihrer Bucht und vergleichen ihre Heimat gerne mit der französischen Riviera. Die Küste von Santa Barbara ist der einzige Abschnitt der Westküste, der nach Süden weist. So können die Berge die kalten Winde aus dem Norden abhalten, so daß selbst im Winter frühlingshaftes Wetter herrscht, das man an den Stränden oder an der weit ins Meer hinausreichenden * *Stearns Wharf* genießen kann – Seite an Seite mit den Braunen Pelikanen, die in der Nähe der Angler auf gelegentlich abfallende Bissen warten.

Im Jahr 1872 bauten die Spanier vor Ort einen Militär- und Verwaltungsposten auf, dem vier Jahre später die * *Mission Santa Barbara* im Stil der spanischen Renaissance folgte. Nicht ohne Grund ist der historische Komplex auch unter dem Beinamen „Königin der kalifornischen Missionen" bekannt. Über die vor dem Haupteingang liegende freie, von Blumenrabatten umgebene Rasenfläche hinweg betrachtet, gibt die Mission ein äußerst fotogenes Bild ab. Vor den ehemaligen Mönchsquartieren mit einem Arkadengang stehen die Bronzeskulptur eines Franziskaners und der Krummstab samt Glocke als Zeichen des kalifornischen *Mission Trail.*

Von der Missionsstation färbte der spanische Baustil auf die ganze Stadt ab, nachdem 1925 ein Erdbeben die meisten Gebäude in Schutt und Asche gelegt und die Stadtväter den Neuaufbau in Angriff genommen hatten. In den von Bäumen gesäumten Straßen von Santa Barbara kommt man sich deshalb beinahe wie in einem andalusischen Landstädtchen vor. Hinter den weißen Fassaden öffnen sich von Bougainvillea-Sträuchern in allen Farben überwucherte Innenhöfe, die als freundliche Straßencafés oder als Restaurants dienen. Ein ganz besonderes Juwel unter den Gebäuden ist das riesige **County Courthouse,** das mit seiner verwinkelten Architektur um einen begrünten Innenhof einen verspielten Eindruck hinterläßt. Wer den 35 m hohen Turm besteigt, wird mit einer prächtigen Rundumsicht über die Stadt und den Küstenstreifen belohnt (Anacapa/Anapama Sts.).

ℹ Santa Barbara Conference & Visitors Bureau, 510 State St., Santa Barbara, CA 93101, ☎ (805) 965-3021, 🖷 966-1728.

🏨 **Inn by the Harbor,** 433 W. Montecito St., ☎ (805) 963-7851, 🖷 929-9428. Kleinere Unterkunft mit gemütlichen Räumen. ⑤–⑤⑤

🏨 **Citronelle,** 901 E. Cabrillo Ave., ☎ 963-0111. Raffinierte Küche mit umwerfenden Süßspeisen. ⑤⑤
Castagnola Seafood Restaurant, 205 Santa Barbara St., ☎ 962-8053. Täglich kommt der frische Fang aus dem Meer auf den Tisch. ⑤–⑤

Praktische Hinweise von A–Z

Ärztliche Versorgung

Die medizinische Versorgung in den USA ist ausgezeichnet. Allerdings müssen Leistungen der Ärzte und Krankenhäuser sofort in bar oder mit Kreditkarte bezahlt werden. Da unter Umständen hohe Kosten anfallen, ist der Abschluß einer privaten Reisekrankenversicherung dringend zu empfehlen. Adressen von Ärzten *(physicians)*, Zahnärzten *(dentists)* und Krankenhäusern *(hospitals)* findet man in den *Yellow Pages* (Gelbe Seiten) der Telefonbücher. Medikamente gibt es in *Pharmacies* oder *Drugstores*, die oft in großen Supermärkten untergebracht sind.

Viele Medikamente, die Sie zu Hause rezeptfrei erhalten, sind in den USA rezeptpflichtig. Für ständig benötigte Medikamente sollte man eine Rezeptkopie mitbringen, damit ein Arzt in den USA Nachschub verschreiben kann.

Alkohol

Kalifornien gehört zu den US-Bundesstaaten mit den liberalsten Alkoholgesetzen, was Verkauf und Konsum anbelangt. Dennoch bekommt man alkoholische Getränke erst ab 21 Jahren. Bier und Wein sind in Lebensmittelläden zu erhalten, härtere Sachen werden nur in speziellen *liquor stores* verkauft. Wenn Sie in einem Restaurant Alkohol trinken möchten, sollten Sie darauf achten, daß es eine Lizenz *(license)* hat.

Behinderte

Die USA sind sehr darauf bedacht, Behinderte nicht auszugrenzen. State Tourist Offices geben Auskunft über behindertengerechten Transport, Un-terkunft etc. Die Hotelketten Red Roof Inn und Holiday Inn haben sich besonders auf behinderte Gäste eingestellt. Die Autovermietungen Avis und Hertz vermieten handgesteuerte Wagen.

Diplomatische Vertretungen

Botschaften der USA befinden sich in Bonn, Wien und Bern, Konsulate in Berlin, Frankfurt/M., Hamburg, Leipzig, München, Salzburg und Zürich. Die Botschaften Deutschlands, Österreichs und der Schweiz liegen sämtlich in Washington D.C. Bei Paßverlust und anderen Notfällen in Kalifornien wendet man sich am besten an folgende Adressen:
Deutsches Generalkonsulat,
6222 Wilshire Blvd., Suite 500,
Los Angeles, CA 90048,
☎ (213) 930-2703, 🖷 930-2805.
Österreichisches Generalkonsulat,
11859 Wilshire Blvd., Los Angeles,
CA 90025, ☎ (310) 444-9310,
🖷 477-9897.
Generalkonsulat der Schweiz,
11766 Wilshire Blvd., Los Angeles,
CA 90025, ☎ (310) 575-1145,
🖷 575-1982.

Einreise

Deutsche, österreichische und Schweizer Touristen benötigen für die Einreise einen mindestens für die Dauer der Reise gültigen Reisepaß, jedoch kein Visum, wenn ihr Aufenthalt 90 Tage nicht überschreitet und sie ein gültiges Rückflugticket vorweisen können. Nur wer mehr als 90 Tage bleiben will oder zwischendurch einen längeren Aufenthalt z. B. in Mexiko plant, benötigt zusätzlich zum Paß ein Visum, das man im Reisebüro oder in einem US-Konsulat im Heimatland erhält. Für die individuelle Festsetzung der Aufenthaltsdauer (max. 6 Monate) ist der Beamte bei der Einreise zuständig. Es ist sehr zu empfehlen, diesem Immigration Officer bei der Ankunft ausreichende Reisefinanzen in Form von Hotelbuchungen, Reiseschecks, Kreditkarte, Einladung etc. vorweisen zu können.

Elektrizität

110 Volt Wechselstrom. Für mitgebrachte elektrische Geräte ist ein Zwischenstecker erforderlich, den man sich am besten schon zu Hause besorgt.

Feiertage

New Year's Day (1. Jan.), Martin Luther King Day (3. Montag im Jan.), Lincoln's Birthday (12. Febr.), Washington's Birthday (3. Montag im Febr.), Memorial Day (Heldengedenktag, letzter Montag im Mai), Independence Day (Unabhängigkeitstag, 4. Juli), Labor Day (Tag der Arbeit, 1. Montag im Sept.), Columbus Day (2. Montag im Okt.), Veterans Day (Soldatengedenktag, 11. Nov.), Thanksgiving Day (Erntedankfest, 4. Donnerstag im Nov.), Christmas Day (25. Dez.).

Fällt ein Feiertag auf einen Sonntag, so ist meist der folgende Montag frei. An den langen Wochenenden von Memorial Day und Labor Day unternehmen viele Amerikaner einen Kurzurlaub. Für diese „Holiday Weekends" sollte man die Unterkunft möglichst schon vorab buchen. An den großen staatlichen Feiertagen sind meist nur Behörden, Büros, manche Museen und die Postämter geschlossen.

Filme

Um Sprengstoffe aufzuspüren, werden auf derzeit 16 großen Flughäfen der USA neue Gepäckkontrollgeräte verwendet, die nicht mehr filmsicher sind. In welchen Städten diese Geräte zum Einsatz kommen, wird jedoch aus Sicherheitsgründen geheimgehalten, also Filme besser immer ins Handgepäck.

Geld und Währung

Die amerikanische Währung ist der Dollar ($) = 100 Cents. Den aktuellen Wechselkurs erfragen Sie am besten bei der Bank (Richtwert: 1 $ = ca. 1,83 DM; Stand: Mai 1998).

Banknoten gibt es im Wert von 1, 2, 5, 10, 20, 50 oder 100 Dollar. Alle Scheine haben dasselbe Format. Das Münzgeld besteht aus 1 Cent (penny), 5 Cent (nickel), 10 Cent (dime), 25 Cent (quarter), 50 Cent (half dollar) und dem sehr seltenen Ein-Dollar-Stück.

Am besten ausgerüstet ist, wer Dollar-Reiseschecks und einige Dollars mitnimmt. Reiseschecks bekommt man bei Verlust erstattet, und sie können wie Bargeld verwendet werden. Ausländische Währungen kann man in Los Angeles bei wenigen großen Banken oder auf dem Flugplatz eintauschen. Wer eine Kreditkarte (am besten Mastercard/Eurocard oder VISA) besitzt, kann die meisten Rechnungen damit begleichen und mit der entsprechenden PIN-Nummer (vorher bei der Bank beantragen) an Geldautomaten rund um die Uhr Bargeld abheben. Auch zum Anmieten eines Leihwagens braucht man eine Kreditkarte.

Eine Deklarationspflicht besteht für die Ein- oder Ausfuhr von Devisen erst ab einem Gesamtwert von 10 000 $.

Information

Der Bundesstaat Kalifornien unterhält in deutschsprachigen Ländern kein eigenes Büro für Privatverbraucher.

Informationen über die Stadt erhält man in Los Angeles bei folgenden Stellen:
Downtown Los Angeles Visitor Information Center, 685 S. Figueroa St., zwischen Wilshire Blvd. und Seventh St. im Block des Omni Hotel, Los Angeles, CA 90017, ☏ (213) 689-8822; ◷ Mo–Fr 8–17, Sa 8.30–17 Uhr.
Hollywood Visitor Information Center, The Janes House, Janes Sq., 6541 Hollywood Blvd., Hollywood, CA 90028, ☏ (213) 689-8822; ◷ Mo–Sa 9–17 Uhr.
Beverly Hills Visitors Bureau, 239 S. Beverly Dr., Beverly Hills, CA 90212, ☏ (310) 248-1015, 🖷 248-1020.
Long Beach Area Convention & Visitors Bureau, 1 World Trade Center, Long Beach, CA 90831-0300, ☏ (562) 436-3645, 🖷 435-5653.

Multilingual Hotline,
☎ (213) 689-8822. Informationen über Veranstaltungen 24 Stunden tgl. über Band in 5 Sprachen.

Kleidung

Amerika kleidet sich lässig, besonders in Südkalifornien. In guten Restaurants wird allerdings manchmal Wert auf Krawatte und Jackett gelegt und Turnschuhe sind dort nicht gern gesehen.

Kriminalität

Aus Sicherheitsgründen trägt man auf Stadttouren besser keine großen Geldbeträge mit sich. Im Auto liegengelassene Wertgegenstände laden Diebe geradezu ein. Bei der Fahrt durch abgelegenere Stadtviertel sollte man das Fahrzeug von innen verriegeln und Slumviertel grundsätzlich meiden. Hotelzimmer müssen gut verschlossen und Wertgegenstände im Hotelsafe aufbewahrt werden.

Maße

Die USA sind dabei, Maße und Gewichte auf das metrische System umzustellen. Inzwischen müssen auf allen Verpackungen neben den amerikanischen auch die metrischen Einheiten angegeben sein. Die Temperaturen werden noch in Grad Fahrenheit (F) gemessen.

Notruf

Die Notrufnummer 911 gilt in Los Angeles für Polizei, Feuerwehr, die Highway Patrol sowie den Notarzt. Sonst hilft auch die Telefonvermittlung unter der Nummer 0. Bei Pannen erhalten ADAC-Mitglieder Hilfe vom US-Verband AAA (☎ 1-800-AAA-HELP).

Öffnungszeiten

Verbindliche Öffnungszeiten gibt es in den USA nicht.

Geschäfte: Kleinere Läden öffnen meist Mo–Sa 9.30–17 Uhr, Supermärkte oft bis 21 Uhr oder 24 Stunden täglich, Malls auch So von 12.30–17 Uhr.

Banken: Mo–Fr 9–15 Uhr.
Post: Mo–Fr 8–18, Sa 8–12 Uhr.
Museen: In der Regel 10–16 Uhr, So ab Mittag, häufig ist Mo geschlossen.

Sightseeing-Touren

Mit dem Bus:

Pacific Coast Grayline Tours, 6333 W. Third St., Hollywood, ☎ (213) 525-1212. In den ganzen USA tätiges Busunternehmen mit mehreren City-Touren und Routen, auf denen man die Stadt aus ganz unterschiedlichen Blickwinkeln kennenlernen kann.

Eine ganz besondere Tour ist **Insomniacs' Tour of L. A.,** ☎ (213) 939-2699.

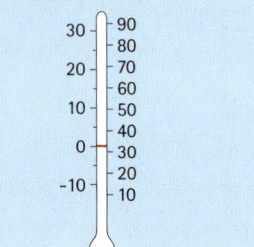

Maße, Temperatur

Länge
1 inch (in.) = 2,54 cm
1 foot (ft.) = 12 inches = 30,48 cm
1 yard (yd.) = 3 feet = 91,44 cm
1 mile (mi.) = 1,609 km

Volumen
1 gill (gl.) = 0,118 Liter
1 pint (pt.) = 4 gills = 0,473 Liter
1 quart (qt.) = 2 pints = 0,946 Liter
1 gallon (gal.) = 4 quarts = 3,785 Liter

Gewicht
1 ounce (oz.) = 28,35 g
1 pound (lb.) = 16 ozs. = 453,6 g
1 stone (st.) = 14 lbs. = 6,35 kg
1 quarter (qr.) = 25 lbs. = 11,339 kg
1 hundredweight = 4 qrs. = 45,359 kg
1 ton (t) = 2000 lbs. = 907 kg

Temperatur

°Celsius	°Fahrenheit
30	90
	80
20	70
	60
10	50
	40
0	30
	20
-10	10

Die Rundfahrt beginnt um 3 Uhr morgens (!) und macht die Gäste mit Blumen- und Fischmärkten, der Zeitungsauslieferung der Los Angeles Times und schließlich auf dem Dach eines Wolkenkratzers mit dem Sonnenaufgang bekannt, ehe sie am frühen Vormittag mit einem Frühstück endet.

Mit dem Hubschrauber:

Heli U.S.A. Helicopters, 3200 Airport Ave., Santa Monica, ☎ (310) 553-4354, 🖷 391-7134. Auf den Flugrouten kann man sich tagsüber und nachts die berühmten Filmstudios, Hollywood, Berverly Hills und Downtown von oben vorführen lassen

Zu Fuß:

Los Angeles Conservancy Tours, Downtown, Roosevelt Bldg., 727 W. Seventh St., ☎ (213) 623-2489, 🖷 623-3909. Kurze Spaziergänge durch Downtown.

Auf dem Wasser:

Spirit Cruises & Yacht Parties, Berth 77, Ports O'Call Village, San Pedro, ☎ (310) 548-8080, 🖷 548-8079. Dinnerfahrten, Hafenbesichtigungen und Walbeobachtung.

Touren mit thematischen Schwerpunkten:

L. A. NightHawks, Beverly Hills, ☎ und 🖷 (310) 392-1500. Nächtliche Führungen mit Besuchen in Nachtlokalen, Kabaretts und Klubs.

L. A. & Hollywood Historic Tours, ☎ (213) 957-1112, 🖷 957-9522. Touren zu Fuß oder per Bus zu bedeutenden historischen, kulturellen oder architektonischen Stätten sowie zu Museen, Jazz- und Theaterklubs.

Telefon

Die Vorwahlnummer für die USA ist 0 01. Bei Gesprächen aus den USA: Vorwahl für Deutschland 0 11 49, Schweiz 0 11 41, Österreich 0 11 43, dann Ortsnetzkennzahl und Rufnummer. Eine Direktwahl von Telefonzellen aus ist möglich, wenn die Automaten mit Quarters (3 Minuten ca. 6,80 $) gefüttert werden.

Ein R-Gespräch nach Deutschland ist über die deutschsprachige Vermittlung 1-800-292-0049 möglich (der Angerufene bezahlt das Gespräch oder man rechnet über eine Telefonkarte der Deutschen Telekom ab). Kreditkarteninhaber können eine Calling Card der AT&T (☎ 01 30/83 88 88) oder der Telekom beantragen und von allen Apparaten aus telefonieren.

Bei Gesprächen innerhalb der USA: 1-800-Nummern sind gebührenfrei. Die dreistellige Vorwahlnummer muß bei Ferngesprächen in andere Bundesstaaten gewählt werden, bei Ferngesprächen innerhalb des gleichen Bundesstaates die 1 vor der jeweiligen Ortsnetzkennzahl. Bei allen Fragen hilft der *Operator* unter der „0" weiter.

Trinkgeld

In Restaurants ist ein Trinkgeld von 15 % obligatorisch. Es ist Verdienst und nicht Zubrot des Personals. Gepäckträger erhalten 1 $ pro Koffer, Zimmermädchen 1 $ pro Aufenthaltstag.

Zeitzone

Kalifornien liegt im Bereich der Pacific Standard Time Zone, d. h. MEZ minus 9 Stunden.

Zoll

Bei der Einreise in die USA dürfen weder Blumen noch frische Lebensmittel aus tierischen und pflanzlichen Erzeugnissen eingeführt werden. Zollfrei sind Gegenstände für den persönlichen Gebrauch. Darunter fallen auch 200 Zigaretten oder 50 Zigarren oder 2 kg Tabak sowie 1 l alkoholische Getränke sowie Geschenke bis zu einem Wert von 100 $.

Bei der Wiedereinreise ins Heimatland sollte man beachten, daß Geschenke einen Gesamtwert von 350 DM bzw. 2500 öS bzw. 200 sfr nicht übersteigen dürfen.

Register

Bildnachweis

Alle Fotos APA Publications/Glyn Genin außer Archiv APA Publications: 7/1, 11, 27/1, 49/1, 65/3, 67/2, 83, 85/2; Archiv für Kunst und Geschichte, Berlin: 19/2; Manfred Braunger: 9, 13/2, 21, 33/1–2, 41/2, 49/2, 55/1–2, 65/1, 77/2; A. M. Gross: 19/1, 27/2, 33/3, 35/3, 39, 43/3, 59/3, 61/2; Ladislav Janicek/Bildarchiv Steffens: 17/3; Volkmar Janicke: 13/1, 27/3, 47/1; Wolfgang Kaufmann/Bildarchiv Steffens: 35/1; Holger Leue: 7/2, 25; Sabine v. Loeffelholz: 17/2, 81/3, 89/1; Ulf Müller-Moewes: 1, 15, 51, 63, 65/2, 67/3, 69/2; Ullstein Bilderdienst: 17/1; Pictor: Umschlag (Bild); Superbild/Bernd Ducke: Umschlag (Flagge).